Die Stellung

der

Deutschen Staatsregierungen

gegenüber den

Beschlüssen des vatikanischen Koncils.

Von

Dr. **Paul Hinschius,**
ord. Professor des Kirchenrechts an der Universität Kiel.

Berlin 1871.
Verlag von J. Guttentag.
(D. Collin.)

Inhaltsübersicht.

Einleitung.

Von Tag zu Tag beginnen sich die Folgen der Beschlüsse des vatikanischen Koncils vom 18. Juli 1870 für die Staatsregierungen fühlbarer zu machen, die Anhänger des Unfehlbarkeits-Dogmas suchen dasselbe mit allen ihnen zu Gebote stehenden Mitteln zur Anerkennung zu bringen, während die Gegner der neuen Lehre, d. s. g. Alt- oder Protest-Katholiken, den Staat um seinen Schutz angehen, und unter Hinweis auf die Unverbindlichkeit der Festsetzungen des Koncils die Erhaltung des bisherigen Bestandes der katholischen Kirche in den deutschen Ländern fordern. Schon haben einzelne Regierungen, wie z. B. die preussische, sich genöthigt gesehen, Angriffe der dem Dogma der Unfehlbarkeit ergebenen Bischöfe auf die staatlichen Unterrichts-Anstalten zurückzuweisen. Eine Allerhöchste, gleichfalls für Preussen ergangene Ordre vom 8. Juli 1871 hat die gesonderte Abtheilung für die katholischen Angelegenheiten im geistlichen Ministerium aufgelöst, und damit erfreulicher Weise definitiv der in einer Immediatvorstellung vom 15. December 1852 von einer Anzahl von Katholiken (s. v. Moy, Archiv für katholisches Kirchenrecht, Band 15, S. 94) geforderten Umgestaltung jener Abtheilung zu einem besonderen katholischen Kultus-Ministerium mit einem eigenen Sitz und Stimme führenden katholischen Chef jede Aussicht auf Erfolg genommen. Ebenso hat endlich der bairische Kultusminister sich veranlasst gefunden, in einem ausführlichen Erlasse vom 27. August d. J. zu erklären, daſs „den Maſsregeln, welche die kirchlichen Behörden gegen die das Dogma (der Unfehlbarkeit) nicht anerkennenden Mitglieder der katholischen Kirche ergreifen, jede Wirkung auf die politischen und bürgerlichen Verhältnisse der davon Betroffenen versagt bleiben müsse,“ und dafs die Regierung „erforderlichen Falls solche Vorkehrungen treffen“ werde, „welche die Unabhängigkeit des bürgerlichen Gebietes vom kirchlichen Zwange verbürgen.“

Darf man sich daher auch der berechtigten Hoffnung hingeben, dafs den Bestrebungen der Ultramontanen seitens der Regierungen ferner wird entgegen getreten werden, so fragt es sich doch, ob ein durchgreifender Erfolg für die letzteren lediglich auf dem Wege der Anwendung blofser Verwaltungsmafsregeln für die einzelnen in Frage kommenden Fälle zu erreichen ist, oder ob dies nicht vielmehr einzig und allein durch eine principielle Umgestaltung ihres Verhältnisses zu der neu-katholischen Kirche, für welche in allen deutschen Staaten ein gesetzgeberischer Akt erforderlich sein würde, bewirkt werden kann. M. E. wird nur der letztere Weg zum Ziele führen. Wenngleich in den deutschen Staaten die, die katholische Kirche betreffenden Gesetzgebungen verschieden sind und die bestehenden Normen in einzelnen Ländern den Regierungen mehr rechtliche Mittel zum Vorgehen gegen die Ultramontanen als in andern gewähren, so reicht doch keine einzige Gesetzgebung in Deutschland für die abnormen Verhältnisse, wie sie sich in Folge der Beschlüsse des vatikanischen Koncils und des dadurch in der katholischen Kirche hervorgerufenen Zwiespaltes zu entwickeln angefangen haben, aus.

Es liegen schwere Konflikte namentlich da nahe, wo eine blos abwehrende, negative Thätigkeit die Regierung, der Natur der Sache nach, nie zum Ziele führen kann, weil sie ein positives Vorgehen seitens der Kirche abzuwarten hat, und das letztere unter den obwaltenden Umständen nur zu Gunsten der Unfehlbarkeitsanhänger erfolgen wird. So ist — um nur auf ein Beispiel hinzuweisen — augenblicklich der erzbischöfliche Stuhl in Freiburg erledigt, und jeden Augenblick kann auf einem andern deutschen Bischofssitz eine Vakanz eintreten. Allen deutschen Landesherrn steht eine, nach den Konkordaten und Circumscriptionsbillen bestimmt normirte Einwirkung auf die Besetzung der Bisthümer zu, welche sich theils in dem Rechte der Ernennung der Bischöfe, theils in der Zurückweisung nicht genehmer Persönlichkeiten unter den von den wahlberechtigten Domkapiteln in Aussicht genommenen Kandidaten zu äufsern hat. Bei der Stellung, welche schon heute die einzelnen Regierungen eingenommen haben, ist es nicht denkbar, dafs die deutschen Fürsten einen, dem Unfehlbarkeits-Dogma ergebenen Geistlichen für ein vakantes Bisthum nominiren oder zur Wahl zulassen. Andererseits kann man mit Sicherheit voraussehen, dafs die Kapitel keine Antifallibilisten für eine etwaige Bischofswahl in Aussicht nehmen werden, und jedenfalls ist es zweifellos, dafs ein Gegner des Unfehlbarkeits-Dogmas die erforderliche päpstliche Bestätigung in Rom nicht erhalten wird. Eine Lösung des Konfliktes durch zwangsweise Einsetzung eines Bischofs seitens des Staates wird, abgesehen davon, dafs keine Regierung dazu nach dem geltenden Recht befugt ist, Niemand in heutiger Zeit befürworten. Auch dürfte sich wohl kaum ein katholischer Geistlicher bereit finden lassen, auf solche Weise das bischöfliche Amt anzunehmen, und endlich möchte es ebenfalls den gröfsten Schwierigkeiten unterliegen, ihm die bischöfliche Weihe zu verschaffen. Der Staat kann somit, wenn er nicht nachgeben will, eine lang andauernde Vakanz nicht hindern; die ultramontane Taktik wird ihn aber sicherlich als den Urheber einer solchen Verwaisung der Diöcese darstellen, und durch beständige Aufregung der Katholiken in derselben einen Druck auf ihn auszuüben suchen. Die staatliche Position wird dadurch noch ungünstiger, dafs die Kurie in Preufsen, Baiern und Oesterreich in der Lage ist, die Vakanz, wie eine eiternde Wunde, stets offen zu halten. Denn in diesen Ländern bedarf es keiner Bestätigung des interimistischen Verwalters der Diöcese, des s. g. Kapitular-Vikars (s. mein Kirchenrecht der Katholiken und Protestanten. Bd. 2. S. 247), und da dieser den Bischof vollkommen ersetzen kann, wenn er zum Weihbischof konsekrirt, und der ihm kirchenrechtlich zukommende Amtskreis päpstlicher Seits durch Uebertragung besonderer Vollmachten erweitert wird (das erstere ist in den gedachten Staaten ohne Weiteres statthaft, s. a. a. O. S. 181, das letztere dürfte zwar rechtlich zweifelhaft sein, wird aber faktisch nicht gehindert werden können, s. a. a. O. S. 249), so hat die katholische Kirche nicht die mindeste Veranlassung, ihrerseits durch Nachgiebigkeit derartige Konflikte zu beseitigen.

Schon dies eine Beispiel zeigt, dafs die Regierungen der katholischen Kirche gegenüber, eine Stellung einnehmen müssen, welche sie aller solcher Verlegenheiten enthebt. Für die Beantwortung der Frage, welche Position ihnen diesen Vortheil gewähren kann, erscheint zunächst eine nähere Darlegung der schon vorhin aufgestellten Behauptung erforderlich, dafs gegenüber der vollzogenen Publication der Beschlüsse des vatikanischen Koncils und dem darüber innerhalb der katholischen Kirche selbst entstandenen Zwiespalte ein Festhalten der bisherigen gesetzlichen Basis nicht mehr möglich ist, und erst, wenn ferner die rechtliche Zulässigkeit einer neuen Regelung des Verhältnisses der deutschen Regierungen zu der katholischen Kirche nachgewiesen worden, werden positive Vorschläge zu diesem Behufe gemacht werden können.

Abschnitt I.

Die Stellung der deutschen Staatsregierungen gegenüber den Beschlüssen des Koncils nach Maassgabe der obwaltenden thatsächlichen Verhältnisse und nach dem geltenden Staatskirchenrecht.

I. Die Stellung der Regierungen zu dem Streite über die Gültigkeit der Koncilsbeschlüsse.

Die Gegner des Unfehlbarkeits-Dogmas stützen ihre Opposition gegen dasselbe darauf, dafs sie dem vatikanischen Koncil die Legitimität und den Beschlüssen desselben die rechtliche Gültigkeit und Verbindlichkeit absprechen. Ferner wird nicht nur von Altkatholiken, sondern auch vielfach von anderen Personen, Protestanten, Publicisten u. s. w. die Ansicht vertreten, dafs mit der am 18. Juli 1870 erfolgten Unfehlbarkeits-Erklärung des Papstes das Dogma der katholischen Kirche verändert, und diese eine neue Religionsgesellschaft geworden sei, auf welche das jetzt geltende partikuläre Kirchenrecht in den einzelnen deutschen Ländern keine Anwendung finden könne.

Den ersteren Standpunkt hat namentlich der Professor des kanonischen Rechts an der Universität Prag, Dr. Joh. Friedrich Ritter von Schulte, in einer kürzlich erschienenen umfangreichen Schrift: „Die Stellung der Koncilien, Päpste und Bischöfe vom historischen und kanonistischen Standpunkte und die päpstliche Constitution vom 18. Juli 1870, Prag 1871,“ in eingehender Weise und unter Beibringung eines umfangreichen, gelehrten Apparates, wie er bisher nirgends beschafft worden ist, dargelegt.

Es wird also vollkommen genügen, wenn ich hinsichtlich dieses Punktes allein auf seine Ausführungen Rüchsicht nehme.

Nach diesen ist das Koncil 1) zuerst schon zu Folge der Art seiner Konstituirung illegitim gewesen. Schulte weist darauf hin, dafs 138 Mitglieder, nämlich die Kardinäle ohne Bischofsweihe, die Patriarchen *in partibus infidelium*, die Erzbischöfe und Bischöfe *in partibus infidelium*, sowie die *abbates nullius dioeceseos* und die Ordensvertreter, weil sie in Wirklichkeit keine Diöcesanen besäfsen, nach dem Rechte der alten Kirche keine Befugnifs gehabt hätten, auf dem Koncile mitzustimmen.

Sicherlich werden die Neukatholiken darauf erwiedern, dafs nach der überlieferten kanonistischen Lehre alle diese als stimmberechtigt angesehen werden, und dafs das Recht der alten Kirche deshalb nicht entscheidend sein kann, weil die erwähnten kirchlichen Würdenträger erst nach dem 11. Jahrhundert ihre jetzige Stellung erlangt haben.

Ferner macht Schulte geltend, dafs die alte Kirche die Aufgabe und das Wesen des Koncils in der auktoritativen Feststellung des Glaubens durch das Zeugnifs der Bischöfe, welche den Glauben ihrer Diöcesen zu bekunden gehabt, gesehen, und findet eine Verletzung dieses Fundamentalsatzes in der Zuziehung der vorhin gedachten Mitglieder des Koncils, sodann in dem Mifsverhältnifs in der Repräsentation der einzelnen verschiedenen Länder und Diöcesen, sowie ihrer Bevölkerungen durch die Zahl der ihnen angehörigen Bischöfe, in der Nichtzulassung von Vertretern für die gerechtfertigter Weise abwesenden Bischöfe und die vakanten Bisthümer, sowie endlich in der Ausschliefsung der katholischen Fürsten, resp. ihrer Gesandten.

Diese Ausführungen werden die Infallibilisten damit beseitigen, dafs alle kirchlichen Würdenträger, welche zum Erscheinen berechtigt waren, vom Papst zum Koncil eingeladen worden sind, dafs die katholischen Fürsten keine entscheidende Stimme auf dem Koncil besitzen, also ihre Anwesenheit zur Gültigkeit desselben nicht erforderlich sein kann, sowie endlich damit, dafs die Bischöfe den Glauben der Kirche, nicht der speziellen Diöcese zu bezeugen haben, und ihre Stellung durch die Succession in die Vollmachten der Apostel, nicht aber durch die Zahl ihrer Diöcesanen bestimmt werde.

2) Der zweite Grund, auf welchen Schulte die Illegitimität des Koncils stützt, ist die mangelnde innere Freiheit desselben. Gerechtfertigt wird dies durch den Hinweis auf die päpstliche Oktroyirung der Geschäftsordnungen, welche den vom Papst ernannten Präsidenten des Koncils die Leitung übertragen, und das Recht der Mitglieder auf freie Antragstellung und freie Diskussion so gut wie ganz ausgeschlossen hätten.

Dieses Argument wird man Seitens der Anhänger des Dogmas damit zu entkräften suchen, wie das auch thatsächlich schon geschehen ist (s. das ökumenische Koncil, Stimmen aus Maria Laach. Neue Folge, herausgegeben von Florian Riefs und Karl von Weber, Heft 11 S. 40), dafs derjenige, welcher das Recht zur Leitung des Koncils besitzt, d. h. der Papst, auch die Befugnifs in Anspruch nehmen dürfe, die Regeln dieser Leitung zu bestimmen, sowie mit dem Hinweis, dafs die Geschäftsordnung auf Grund dessen, was auf früheren Koncilien Brauch gewesen, und mit Rücksicht auf die aufserordentliche Gröfse der Versammlung, sowie auf die neueren Zeitverhältnisse abgefafst worden sei.

3) Drittens ist das Koncil nach Schulte illegitim, weil es die über die Koncilien geltenden Fundamentalsätze aufser Acht gelassen habe. Als solche werden bezeichnet, erstlich, dafs nach der Anschauung der alten Kirche jedes Koncil in dogmatischer Hinsicht einen festen Anhalt, d. h. eine bestimmte, angegriffene und in Zweifel gestellte Glaubenslehre, hätte haben müssen, dafs die eingehendsten Untersuchungen über den zu erörternden Glaubenspunkt erforderlich seien, und dafs die ganze Aufgabe des Koncils nur darin bestehen könne, an der Hand des Wortlautes der Schrift, der Väter und der Koncilien und der Uebereinstimmung der ganzen Welt den Glauben im Wege des Zeugnisses festzustellen. Diese Nichtigkeitsgründe können die Ultramontanen damit beseitigen, dafs diese angeblichen Fundamentalsätze nirgends als solche allgemein anerkannt sind.

Was insbesondere den von Schulte in diesem Zusammenhang erörterten, auch sonst schon von katholischer Seite vielfach hervorgehobenen Punkt, nämlich den Mangel der Einstimmigkeit in den Beschlüssen und die Unzulässigkeit der Majoritätsabstimmung über dogmatische Fragen betrifft, so haben die Maria-Laacher Stimmen den Nachweis zu führen gesucht, s. a. a. O. S. 52 ff., dafs das Letztere nicht absolut unstatthaft ist und sich weiter darauf berufen, dafs in der feierlichen, entscheidenden Sitzung vom 18. Juli 1870, nachdem die protestirende Minorität das Koncil verlassen habe, bei der Abgabe von nur zwei dissentirenden Stimmen nicht nur eine moralische, sondern auch beinahe eine physische Einstimmigkeit erzielt worden sei.

4) Endlich macht der gedachte Verfasser geltend, dafs es auch dem Koncile an äufserer Freiheit gefehlt habe. Nicht nur seien die Bischöfe während der Monate Juni und Juli, also in einer, für das römische Klima höchst ungesunden Jahreszeit, zurückgehalten worden, sondern aufserdem habe der Papst auch dadurch unberechtigten Einflufs und Zwang ausgeübt, dafs er bei jeder Gelegenheit die Gegner der Infallibilität herabgesetzt, dagegen die Anhänger derselben belobt, ferner den von ihm pekuniär abhängigen Missionsbischöfen beinahe Befehle, für das Dogma zu stimmen, ertheilt, und jeden Antrag der Minorität ignorirt habe.

Ganz abgesehen davon, dafs alle diese Thatsachen jedenfalls keinen Zwang, wie ihn sonst das Recht für die Ungültigkeitserklärung von Willensäufserungen erfordert, begründen, wird dieser Deduktion die Thatsache entgegen gehalten (s. die angeführten Stimmen aus Maria Laach S. 33), dafs nicht nur die Kardinals-Kongregation am 16. Juli 1870 gegen die Behauptung protestirt hat, es fehle dem Koncile an der gesetzlichen Freiheit, sondern dafs auch nach dem von den deutschen Kirchenfürsten von Fulda aus erlassenen Hirtenschreiben (von Ende August dess. Jahres, abgedruckt in Moy's Archiv für kathol. Kirchenrecht, Bd. 24 S. XCIX.), „die Bischöfe ihre Ansichten mit unumwundener Offenheit und mit der nothwendigen Freiheit ausgesprochen“ haben.

Die übrigen Ausführungen Schulte's bezwecken noch die Darlegung, dafs insbesondere das dritte und vierte Kapitel der am 18. Juli 1870 angenommenen Konstitution, über die Stellung des Primates und des Episkopates, sowie über die Unfehlbarkeit des Papstes, weil sie der Schrift und der Tradition widersprechen, nicht als gültige Satzungen eines ökumenischen Koncils angesehen werden können.

Des Näheren habe ich nicht nöthig darauf einzugehen, denn

das bisher Mitgetheilte wird schon zur Genüge ergeben haben, dafs die Frage nach der Gültigkeit des vatikanischen Koncils sich nicht leicht klar stellen und erledigen läfst. Ich erkenne die gegen die Schulte'sche Motivirung erhobenen Zweifelsgründe wahrlich nicht sämmtlich als durchgreifend an, und ich habe sie nicht deshalb erwähnt, um eine Arbeit, welche auch über den nächsten praktischen Zweck hinaus eine bleibende wissenschaftliche Bedeutung besitzt, in obenflächlicher Weise abzuthun, vielmehr nur um die Thatsache zu konstatiren, dafs es sich hier um eine schwer zu lösende Frage handelt. Nicht allein deshalb, weil zu diesem Behufe eine Reihe tiefgehender theologischer, juristischer und geschichtlicher Studien erforderlich erscheint, sondern auch darum, weil die Grundlage, von welcher die beiden Parteien ausgehen, eine vollkommen verschiedene ist. Schulte und die Altkatholiken greifen auf das Recht der älteren Kirche zurück, und indem sie die thatsächlichen Vorgänge auf den älteren Koncilien ergründen, formuliren sie nach denselben die Rechtssätze über die zur Gültigkeit einer Synode wesentlichen Voraussetzungen. Die Infallibilisten dagegen nehmen, wie Schulte selbst in seinem Buche S. 292 u. 32 bemerkt, die Entwicklung der katholischen Kirche und des Papstthums seit dem 16. Jahrhundert zum Ausgangspunkt an. Es stehen sich also hier zwei wesentlich verschiedene Grundanschauungen gegenüber. Eine juristische Entscheidung über die Berechtigung der einen oder andern ist deshalb nicht möglich, weil die katholische Kirche kein allgemein und namentlich von beiden Theilen anerkanntes System fester Rechtsregeln über die allgemeinen Koncilien entwickelt hat, und somit jene beiden miteinander unversöhnlichen Richtungen den begonnenen Kampf auf dem Gebiete der Kirche praktisch auskämpfen müssen, um ihre Lebensfähigkeit zu erweisen.

Bei dieser Sachlage ist kein Staat im Stande, die auf dem Boden der Kirche streitige Frage über die Gültigkeit des Koncils in dem einen oder andern Sinn zu lösen. Für ihn fehlt es einmal an festen anerkannten Normen für seine Entscheidung. Sodann besitzt er auch nicht die hierzu geeigneten Organe. Wem soll er die Prüfung übertragen? Etwa dem Kultus- oder Justizminister? Oder einer besonderen aus Theologen und Kanonisten zusammengesetzten Kommission? Sollen diese etwa Protestanten sein? Oder Katholiken, welche doch entweder der einen oder andern Partei angehören? Unter allen Umständen würden die Neukatholiken, nachdem von den bisher als zur Vertretung der Kirche legitimirt anerkannten Organen, dem Papst und den Bischöfen, kein einziger sich gegen die Gültigkeit des Koncils ausgesprochen, ja sogar die meisten Bischöfe, welche auf dem Koncil die Oppositionspartei gebildet, sich auch den Beschlüssen desselben unterworfen haben, keine Entscheidung des Staates in dieser Sache als bindend betrachten.

Nach diesen Ausführungen wird es einleuchten, daſs der Staat sich jeder Erledigung des entstandenen Konfliktes, welche ein Urtheil über die Gültigkeit der Ungültigkeit des Koncils voraussetzt, zu enthalten hat.

II. Die Stellung der Regierungen zu der Frage, ob die katholische Kirche durch die Koncilsbeschlüsse eine Wesensveränderung erlitten hat.

Ebensowenig werden aber auch Maſsnahmen der Regierungen von dem Standpunkt aus getroffen werden dürfen, daſs die katholische Kirche mit der Unfehlbarkeitserklärung eine andere geworden sei, eine Anschauung, worauf z. B. die österreichische Regierung im vorigen Jahre ihre Lossagung von dem i. J. 1855 abgeschlossenen Konkordate gestützt hat. Denn auch über diesen Punkt läſst sich streiten. Es hat allerdings bis zum 18. Juli 1870 jedem Katholiken freigestanden, an die päpstliche Unfehlbarkeit zu glauben oder nicht, und erst seit jenem Tage muſs er die Infallibilität des Oberhauptes der Kirche bei Vermeidung der Exkommunikation, also bei Verlust seiner Seligkeit, anerkennen. Aber absolute Stabilität in ihrer Lehre kommt keiner Kirche zu, und deshalb kann die bloſse Thatsache der Aufstellung eines neuen Dogmas nicht ohne Weiteres als Wesensveränderung der betreffenden Kirche angesehen werden.

Es hat z. B. noch Niemand behauptet, daſs mit der dogmatischen Feststellung der Lehre von der Transsubstantiation auf dem vierten lateranensischen Koncil die katholische Kirche aufgehört hat, die katholische zu sein, und ebensowenig ist diese Ansicht hervorgetreten, als derselbe Pius IX., welcher am 18. Juli 1870 für unfehlbar erklärt worden ist, im Jahre 1854 das Dogma von der unbefleckten Empfängniſs der Jungfrau Maria festgestellt und verkündet hat.

Und in der That ist das jetzige neue Dogma nichts als der Abschlufs einer seit Jahrhunderten datirenden Entwicklung in der katholischen Kirche. Mit vollem Recht bemerkt Hase (Handbuch der protestantischen Polemik gegen die römisch-katholische Kirche. 3 Aufl. S. 199): „Als aber der Drang des Katholicismus, das Ideale sofort wirklich und äufserlich zu besitzen, das Papstthum hervorgetrieben hatte, als den auf Erden immerdar persönlich fortlebenden Christus, war es nur ein Fortwirken derselben Gedankenfolge, diesem Statthalter Gottes gottmenschliche Attribute beizulegen, so weit sie an einem armen Menschen irgendwie haften wollen, also zunächst an ihm als Weltlehrer Unfehlbarkeit. Der Glaube daran ist entstanden und konnte lange Zeit nur bestehen, als eine freie Meinung in der katholischen Kirche, die doch irgend einmal mit der bischöflichen Unfehlbarkeit auf ökumenischen Synoden zusammentreffen mufste. Es war ein naheliegender Vorwurf gegen diese Kirche, wie er als Abschlufs der geschichtlichen Uebersicht in den früheren Drucken dieses Buchs mit den Worten ausgesprochen ist: „„Aus diesem Allen ist offenbar, dafs die katholische Kirche selbst, obwohl sie aus der Voraussetzung ihrer Unfehlbarkeit heraus oft gehandelt habe, allen Andersgläubigen das ewige Heil absprechend und soweit möglich, auch das zeitliche Heil abschneidend, dennoch ein festes und stetiges Bewufstsein über ein bestimmtes Organ dieser Unfehlbarkeit und über bestimmte Kennzeichen seiner unfehlbaren Sprüche nie gehabt hat, sowie dafs ein vermeintes Organ derselben dem andern widersprochen hat, die eine katholische Kirche der andern, der Papst den allgemeinen Koncilien, diese dem Papst.““ Diesem Vorwurfe hat das vatikanische Koncil, soweit es Glauben findet, ein Ende gemacht, indem es dem Papste doch jedenfalls den Vorrang der Unfehlbarkeit zusprach und die freie Phantasie seiner Untrüglichkeit zum Dogma erhob, an das zu glauben sei bei Verlust des ewigen Heils. Der Pater Lainez, der in Trient, wie gern auch von Einigen gehört, doch an der Harthörigkeit der Bischöfe scheiterte, ist nach dem Jahrhundert der Aufklärung auferstanden und hat der Kirche sein Dogma aufgedrückt. Hiermit hat das Koncil den Gedanken des Papstthums zu seinem höchsten Gipfel gesteigert und abgeschlossen, das Dogma der Unfehlbarkeit unter uns wandelnd als diese bestimmte lebendige Person, ein göttlicher Vikar und Vicegott, der zu jeder Stunde bei jedem aufgetauchten Zweifel und Irrsal die unfehlbare Entscheidung zu geben vermag. Hierdurch erklärt sich auch, dafs wohl manche einfache Bischofsseelen meinten, nicht der Propaganda, nicht den Jesuiten, nicht einmal der Pietät für Pio Novo zu gehorchen, sondern ein ächt katholisches Werk zu vollziehen, als sie die Unfehlbarkeit des Koncils zum letztenmal gebrauchten, um eine höhere, persönliche Unfehlbarkeit zu dekretiren.“

Haben sich doch auch schon früher die Vertheidiger der päpstlichen Infallibilität — noch ehe an das vatikanische Koncil zu denken war — für ihre Ansicht auf die aus der allgemein von den Katholiken festgehaltenen Unfehlharkeit der Kirche folgende Konsequenz gestützt. So sagt z. B. Phillips (Kirchenrecht Bd. 2, erschienen 1846 S. 324): „Aber auch schon aus der der Kirche verheifsenen Unfehlbarkeit, vermöge welcher sie in keinen Irrthum geführt werden kann, folgt die Infallibilität des römischen Bischofs. Es mufs in der Kirche Einer da sein, der nicht irrt, der, wie in dem weltlichen Staate in allen zweifelhaften Fällen den letzten inappellablen Entscheid giebt; da hier aber dieser Entscheid sich auf die Lehre bezieht, so mufs der Entscheidende unfehlbar sein.“

Will man aber selbst diese Ansicht nicht als richtig anerkennen, so wird das mindestens zugegeben werden müssen, dafs es sich hier gleichfalls wieder um eine Frage handelt, welche mindestens sehr zweifelhaft ist, und dafs der Staat dieselbe mit seinen Organen ebenso wenig lösen kann, wie die zu I. besprochene.

III. Die praktischen Konsequenzen der Parteinahme der Regierungen in den zu I. und II. gedachten Fragen.

Ich glaube gezeigt zu haben, dafs die deutschen Staatsregierungen ihre Position nicht in der Weise nehmen können, dafs sie in dem Streit über die Geltung der vatikanischen Koncilsbeschlüsse und über die Wesensveränderung der katholischen Kirche für die eine oder andere Meinung Partei ergreifen. Behufs weiterer Erhärtung der entwickelten Ansicht will ich aber noch die praktischen Folgen darlegen, welche sich ergeben würden, wenn man die hier vertheidigte Anschauung verwirft.

Entweder erkennt der Staat die Koncilsbeschlüsse als gültig an, resp. er verneint es, dafs die katholische Kirche in

Folge derselben eine wesentliche andere geworden ist; dann ist die nothwendige Konsequenz die, dafs er die Verfolgung der Widersacher des Dogmas durch Exkommunikationen, Suspensionen, Absetzungen u. s. w. ruhig hinnimmt, gerade so wie dies früher geschehen wäre, wenn die katholische Kirche wegen anderer, mit ihrem Dogma unverträglicher, den Staat nicht interessirenden Lehrmeinungen gegen Geistliche und Laien Mafsregeln ergriffen hätte. Der Staat kann dann die Protestkatholiken nur insoweit schützen, als seine bestehende Gesetzgebung der Ausübung der kirchlichen Strafgewalt Schranken setzt, oder insoweit, als etwa die katholischen, geistlichen Obern einen formgerecht erklärten Austritt der einzelnen Antifallibilisten aus der katholischen Kirche nicht anerkennen, und diese letzteren trotzdem noch als Mitglieder derselben behandeln würden. Kurz, es hiefse das, den Ansprüchen und dem Gebahren der Ultramontanen das Feld völlig freigeben, und das wünscht heutzutage Niemand anders als diese selbst.

Oder der Staat erachtet das Koncil für unverbindlich, resp. er geht davon aus, dafs die katholische Kirche, soweit sie die päpstliche Unfehlbarkeit anerkennt, nicht mehr dieselbe ist. Von diesem Standpunkt aus bilden die s. g. Altkatholiken diejenige katholische Kirche, welche in allen deutschen Staaten mit einer Reihe von Privilegien aufgestattet ist und sogar vielfach aus Staatsfonds subventionirt wird. Die Anhänger des Unfehlbarkeits-Dogmas sind dagegen für den Staat eine dissidentische Sekte, wie die Deutschkatholiken, die Anhänger der freien Gemeinden u. s. w. Konsequenter Weise müfsten ihnen also jegliche Rechte, welche der früheren katholischen Kirche durch die Gesetzgebung eingeräumt sind, staatlicherseits vorenthalten werden. Ja noch mehr, da es anerkannter Grundsatz ist, dafs der Anhänger einer bestimmten Religionsgesellschaft nicht in einer andern Kirche ein Amt verwalten kann, wären sämmtliche katholische Bischöfe und Erzbischöfe in Deutschland als Infallibilisten nicht mehr kirchliche Obern der staatlich privilegirten katholischen Kirche, und die einzelnen deutschen Regierungen müfsten die letzteren, wollten sie aus ihrer Anschauung die praktischen Konsequenzen ziehen und nicht eine augenfällige Schwäche bekunden, nöthigenfalls mit Gewalt aus dem Besitze ihrer Bisthümer setzen lassen, ebenso wie sie das z. B. in dem Fall thun würden, wo ein zum Protestantismus übergegangener katholischer Bischof die Verwaltung seines Bisthums fortführen wollte.

Ebenso wäre natürlich mit den übrigen, dem Dogma anhängenden Geistlichen, welche in den einzelnen Diöcesen kirchliche Ämter inne haben, zu verfahren, und alle so erledigten Stellen müſsten mit Antiinfallibilisten besetzt werden.

Nur ein solches Verfahren wäre konsequent. Politisch aber sicherlich nicht. Das Bedenklichste, was eine Regierung bei Streitigkeiten mit den Ultramontanen thun kann, ist, solche Maſsregeln zu ergreifen, welche diesen Gelegenheit zum Märtyrerthum geben. Zweifellos würde sich bei Realisirung der angedeuteten Konsequenzen ein Schrei der Entrüstung durch alle katholischen Theile Deutschlands erheben, die Bischöfe würden absichtlich der Gewalt, so lange es geht, passiven Widerstand entgegensetzen, und sich vielleicht auch eine staatsgefährliche Aufregung unter der katholischen Bevölkerung kund geben. Ueberdies kann keine Regierung darauf rechnen, einen bedeutenden Bruchtheil derselben hinter sich zu haben. Groſsartige Dimensionen hat die Anti-Unfehlbarkeits-Bewegung in Deutschland noch nicht angenommen.*) Es sind ein verhältniſsmäſsig kleiner Theil von Katholiken, namentlich die Vertreter der katholisch-deutschen Wissenschaft, welche aus ehrenwerthen Motiven und in schwerer Gewissensnoth sich gegen die durch das Koncil aufgestellte gottähnliche Omnipotenz des Papstes erhoben haben, aber die tiefen Schichten des Volkes hat ihre Opposition noch nicht aufgerührt. Freilich kann man es wohl mit Sicherheit behaupten, daſs nicht nur eine bedeutende Anzahl von Laien, sondern auch ein groſser Theil von katholischen Geistlichen im Grunde ihres Herzens Gegner des neuen Dogmas sind. Indessen zu den ersteren gehört das groſse Kontingent der kirchlich Indifferenten, und die letzteren sind vielfach gewöhnt, sich dem von oben auf sie ausgeübten Druck zu fügen. Wie diese beiden Klassen jetzt dem eingeleiteten Kampfe fern geblieben sind, werden sie, die erstere aus Gleichgültigkeit, die andere aus Besorgniſs über den endlichen Ausgang, auch später nicht in denselben eintreten. Auf eine weitverbreitete, mächtige Unterstützung in der katholischen Bevölkerung werden die Regierungen demnach keineswegs hoffen dürfen, und sich also enthalten müssen, einen Standpunkt einzunehmen, der, wenn er konsequent innegehalten werden soll, zu so gefährlichen Experimenten nöthigt.

*) Ob das in Folge des nach Abschluſs dieser Schrift abgehaltenen Münchener Katholiken-Kongresses der Fall sein wird, bleibt jedenfalls noch abzuwarten.

IV. Die Unmöglichkeit eines rein defensiven Standpunktes.

Bisher haben die deutschen Regierungen insofern in Uebereinstimmung mit der vorstehend entwickelten Anschauung gehandelt, als noch keine derselben sich über die zu I. und II. besprochenen principiellen Fragen ausdrücklich erklärt hat. In offiziösen Blättern einzelner deutschen Regierungen ist sogar mehrfach betont worden, daſs die letzteren sich lediglich auf der Defensive halten und das bestehende Staatskirchenrecht schützen werden.

Will man das aber thun, so bedingt diese Politik, daſs man über kurz oder lang in jenen beiden streitigen Fragen eine feste Stellung nimmt. Die staatlichen Rechtsordnungen sollen nach dem Programm der Regierungen vor etwaigen Angriffen bewahrt werden, d. h. man will mit allen rechtlichen Mitteln Verletzungen derselben unterdrücken und den Angegriffenen den staatlichen Schutz angedeihen lassen. In jedem einzelnen solchen Fall bedarf es dann zweifellos der Feststellung, wer der Angreifer und wer der Angegriffene ist.

Wenn z. B. in einer katholischen Parochie der Pfarrer als Gegner des Unfehlbarkeits-Dogma auftritt, seine Gemeinde nach sich zieht, und der Bischof ihn dafür exkommunicirt und absetzt, so ist, wenn der Letztere die Regierung um Entfernung des renitenten Geistlichen anruft, dieser mit seiner Gemeinde aber vom Staate auf Grund seiner Eigenschaft als Altkatholik im Besitze seines Amtes und seiner Pfarrkirche geschützt zu werden verlangt, eine Entscheidung darüber, wessen Anspruch begründet ist, vom Boden des bestehenden Staatskirchenrechtes nicht möglich, ohne daſs die betreffende Behörde sich darüber schlüssig macht, welche der beiden Parteien zu der staatlich anerkannten katholischen Kirche gehört, d. h. es müssen die beiden Streitfragen, deren Lösung die Regierungen vom politischen Standpunkt aus dahingestellt sein lassen sollten, als Präjudizialpunkte in dem einen oder anderen Sinne erledigt werden.

Freilich könnte man unter der defensiven Haltung, welche die Regierungen einzunehmen gedenken, die Bewahrung des Status quo verstehen, d. h. eine Handlungsweise, welche sich darauf beschränkt, alle Akte der kirchlichen Gewalt, welche auf Grund des neuen Unfehlbarkeits-Dogmas gegen den bestehenden

Zustand vorgenommen werden, einfach zu ignoriren, oder ihre Folgen im Verwaltungswege wieder zu beseitigen; indessen ist diese Maxime weder praktisch durchführbar, noch in allen deutschen Ländern rechtlich begründet.

Was den ersteren Punkt betrifft, so tritt dies zunächst in denjenigen Fällen zu Tage, wo es nach dem bestehenden Recht zu einer prozessualischen Verhandlung kommen kann. Klagt z. B. ein wegen seiner antiinfallibilisten Gesinnung exkommunicirter Patron, dessen Präsentation der Bischof deshalb zurückweist, weil der Exkommunicirte sein Patronatrecht nicht wahrnehmen darf, auf Gestattung der Ausübung seines Patronatrechts vor dem weltlichen Richter, so mufs dieser über die Gültigkeit der Exkommunikation entscheiden, wenn die Zulässigkeit derselben vom Kläger wegen der Nichtigkeit der Beschlüsse des Koncils angefochten wird, und demnach auch über den letzteren Punkt mit befinden. In Preufsen, wo der Rechtsweg bei Streitigkeiten in Kirchenbausachen nach Mafsgabe der §§. 708 ff. Tit. 11 Th. II A. L. R. statthaft ist, kann jetzt sehr wohl eine Verweigerung der Beiträge aus dem Grunde vorkommen, dafs die Altkatholiken nichts zum Neubau einer Pfarrkirche, welche von einem dem Dogma der Unfehlbarkeit anhängenden Geistlichen geleitet wird, hergeben wollen. Wenn sie sich in dem gegen sie angestrengten Processe darauf berufen, dafs die Unfehlbarkeitserklärung des Papstes eine besondere katholische Kirche konstituirt habe, und sie wegen Nichtzugehörigkeit zu derselben auch keine Verpflichtung besäfsen, die Baulast für die Gotteshäuser dieser neuen Religionsgenossenschaft zu tragen, so tritt hier gleichfalls die heikle Frage an den Richter heran, ob die katholische Kirche seit dem 18. Juli 1870 eine andere geworden, und die staatsrechtlich anerkannten Katholiken nur diejenigen sind, welche die Beschlüsse des Koncils verwerfen.

Dafs in diesen Processen die verschiedenen Gerichte diese Streitfragen alle in gleichem Sinne entscheiden werden, ist bei der Schwierigkeit derselben sicherlich nicht anzunehmen. Namentlich werden in überwiegend katholischen Gegenden, wo die Richterkollegien mit Katholiken besetzt sind, grobe Mifsstände hervortreten, weil hier die Richter in Folge ihrer Konfession mit indirect betheiligt sind, und daher Perhorrescenzgesuche nicht fehlen werden.

Soweit der Rechtsweg gestattet ist, wird also jenes Princip

der Aufrechthaltung des Status quo immer in Frage gestellt werden. Aber ganz abgesehen von dem Zustand der Verwirrung, welchen widersprechende rechtliche Erkenntnisse anrichten müssen, versagt auch jenes Princip für die Verwaltung in einer ganzen Reihe von Fällen.

Wie will man es z. B. in Gemeinden halten, wo der Pfarrer das Dogma der Unfehlbarkeit anerkennt, die Kapläne dasselbe verwerfen und die Gemeinde getheilt ist? Die Maxime würde hier die Aufrechthaltung des früheren Zustandes bedingen, man müſste also die Kapläne und die ihnen anhängenden Parochianen im Mitbesitze der Kirche schützen. Ob aber, namentlich wenn erst mehrfache Exkommunikationen der letzteren erfolgt sind, ein friedliches Nebeneinander der beiden Parteien auf die Dauer durchzuführen ist, das läſst sich mit Fug und Recht in Abrede stellen. Wie soll es gehalten werden, wenn der Bischof die Kapläne absetzt und ihnen ihre Besoldung entzieht? Will man dann etwa mit Administrativmaſsregeln gegen ihn einschreiten, um die fernere Zahlung jener Beträge zu erzwingen?

Ferner zeigt sich jener Standpunkt da unfruchtbar, wo sich die Ausübung der staatlichen Rechte nicht ohne Mitwirkung der kirchlichen Gewalten voll bethätigen kann. Der in der Einleitung S. 2. hervorgehobene Fall kann sich im Kleinen in jeder Diöcese mehrfach wiederholen. Die deutschen Regierungen besitzen eine groſse Anzahl von Patronatrechten auf Pfarrstellen. Präsentiren sie für dieselben Infallibilisten, so fügen sie sich damit den Ansprüchen der Ultramontanen. Wollen sie dies aber nicht, dann können sie den Bischöfen nur solche Kandidaten vorschlagen, welche die Koncilsbeschlüsse verwerfen, diese erhalten aber, wie die Dinge liegen, nicht die bischöfliche Konfirmation, und so bleibt nichts übrig als eine interimistische Verwesung dieser vakanten Pfarreien, welche die Bischöfe in fast allen deutschen Staaten ohne Konkurrenz der Regierungen anzuordnen befugt sind, d. h. eine solche, welche durch neukatholische Priester wahrgenommen werden wird.

In jeder bischöflichen Diöcese, wo die altkatholische Bewegung nur einigermaſsen ausgedehnte Dimensionen annimmt, wird bei Festhaltung jenes Standpunktes bald eine solche Verwirrung entstehen, daſs beide Parteien, sowohl die Alt- wie auch die Neukatholiken, diese Zustände als unerträglich empfinden und Niemand anderes als die Regierungen dafür verantwortlich machen werden. In den Pfarreien, wo die Geistlichkeit und die ganze Gemeinde dem neuen Dogma anhängen, hat die Regierung von ihrem Standpunkt aus keine Veranlassung sofort einzuschreiten, während sie es da thun mufs, wo die Gemeinden gespalten sind, und namentlich da, wo die Bischöfe gegen die antiinfallibilistischen Geistlichen mit Censuren und Strafen vorgehen.

Die Folge davon ist, dafs die beiden Parteien in der katholischen Kirche, je nach den verschiedenen thatsächlichen Verhältnissen verschieden behandelt werden, eine Konsequenz, welche für das Ansehen und die Autorität der Regierung nur schädlich wirken kann, und derselben nichts anderes als Angriffe beider streitenden Theile zuziehen wird.

Ich will die Schwierigkeiten, welche der praktischen Handhabung jener Maxime entgegen treten, nicht weiter ausmalen. Das Gesagte wird schon genügen, um ihre Undurchführbarkeit aufser allem Zweifel zu stellen. Handelt es sich doch darum, die Unmöglichkeit, zwei Parteien, welche sich gegenseitig nicht mehr als kirchlich berechtigt anerkennen, in derselben kirchlichen Rechtsgemeinschaft zusammen zu halten, möglich zu machen.

Ist aber jene Position rechtlich haltbar? Auch diese Frage mufs für einzelne deutsche Länder verneint werden.

I. Was zunächst Preufsen betrifft, so kommt für die ganze Monarchie der Artikel 15 der Verfassungs-Urkunde von 1850 in Frage, lautend:

> „Die evangelische und die römisch-katholische Kirche, sowie jede andere Religionsgesellschaft, ordnet und verwaltet ihre Angelegenheiten selbstständig“...

Dafs die Entwicklung und Klarstellung der kirchlichen Lehre oder des Dogmas eine rein kirchliche Angelegenheit ist, wird keiner weiteren Ausführung bedürfen. Daher hat sich der Staat in die Festsetzung eines neuen Dogmas nicht zu mischen. Ebenso erscheint die Kirche auf Grund jenes Verfassungsartikels berechtigt, ihre rein geistlichen Strafen für die Nichtanerkennung ihrer Lehre anzudrohen und sie nöthigenfalls zu verwirklichen. Allerdings bestimmt für diejenigen Provinzen, in welchen das preufsische Landrecht gilt, der § 55. Tit. 11. Th. II. desselben:

> „Wegen blofser von dem gemeinen Glaubensbekenntnisse abweichender Meinungen kann kein Mitglied ausgeschlossen werden,“

aber diese Vorschrift ist nicht nur mit dem Wesen der katholischen, sondern auch mit dem der protestantischen Kirche und jeder anderen Religionsgesellschaft unvereinbar. Jede Kirche ruht auf dem bestimmten Bekenntniſs und hat dieses zu ihrer Voraussetzung. Der Glaube an dasselbe bedingt die Mitgliedschaft in der betreffenden Kirche, und wer ihr Bekenntniſs verläugnet, kann selbstverständlich nicht mehr als Angehöriger derselben betrachtet werden. An sich würde die innere Unhaltbarkeit der Vorschrift freilich ihre rechtliche Gültigkeit nicht beeinträchtigen können, aber sie muſs durch den eben erwähnten Artikel der Verfassung in Verbindung mit Art. 109 derselben für aufgehoben erachtet werden. Denn zu der freien Verwaltung der Angelegenheiten einer Religionsgesellschaft gehört zweifellos auch die Bestimmung über die Bedingungen, unter denen die Rechte der Mitgliedschaft erworben, und unter denen sie verloren werden.

Praktisch noch wichtiger für die gegenwärtigen Konflikte zwischen den Infallibilisten und den Unfehlbarkeitsgegnern ist es aber, daſs die Disciplinargerichtsbarkeit über die katholischen Geistlichen, also namentlich die Verhängung der Suspension und der Absetzung wegen von dem Dogma der Kirche abweichender Lehrmeinungen, wie ein Reskript des Ministers der geistlichen Angelegenheiten vom 16. April 1849 schon mit Rücksicht auf die in den betreffenden Artikeln gleichlautende oktroyirte Verfassungsurkunde vom 5. December 1848 anerkannt hat (vergl. Beiträge zum preuſs. Kirchenrecht. Paderborn 1854. Heft 1. S. 26), den bischöflichen Gerichten ausschlieſslich zusteht, und daſs das Ministerium nur lediglich darüber zu wachen hat, „ob seitens des bischöflichen Amtes etwa miſsbräuchlicher Weise bestehende allgemeine Staats-Gesetze unbeachtet gelassen oder die vorhandenen Kompetenz-Bestimmungen etwa nicht berücksichtigt sind.“

Da die betreffenden Vorschriften der Verfassungsurkunde auch in die neuen Provinzen, Hannover, Hessen, Nassau, Frankfurt a. M. und Schleswig-Holstein eingeführt sind, so herrscht in den hervorgehobenen Punkten gleiches Recht im Umfange der gesammten preuſsischen Monarchie, d. h. die katholischen Bischöfe sind berechtigt, Exkommunikationen gegen Laien und Geistliche, sowie Disciplinarstrafmittel einschlieſslich der Amtsentsetzung gegen die letzteren zu verhängen, und der Staat hat nicht die Befugniſs, die Ausübung dieses Rechtes zu hindern oder die Erlasse der geistlichen Gewalt zu kassiren.

Wendet man diese Grundsätze auf den Fall an, wo die Bischöfe wegen Nichtanerkennung des Unfehlbarkeits-Dogmas einschreiten, so ergiebt sich, daſs der Staat den vorliegenden Maſsnahmen nur unter der Voraussetzung in den Weg treten darf, daſs sie gegen das bestehende Staatsgesetz verstoſsen. Das läſst sich aber allein dann annehmen, wenn sich der Staat auf den principiellen Standpunkt stellt, daſs er entweder die katholische Kirche, soweit sie das Unfehlbarkeits-Dogma anerkennt, für eine neue, von der früheren verschiedene Religionsgesellschaft betrachtet, oder daſs er die vatikanischen Beschlüsse für nichtig erklärt.

Denn im ersteren Fall besitzen die katholischen Bischöfe, weil sie nicht Obere der vom Staat in der Verfassungsurkunde privilegirten katholischen Kirche sind, jenes Recht nicht über die Altkatholiken, die Anhänger der letzteren, und maſsen sich also Amtshandlungen über solche Personen an, welche nicht Mitglieder ihrer Kirche sind.

Im zweiten Fall würden von dem gedachten Standpunkt aus die Bischöfe dadurch, daſs sie sich einem ungültig beschlossenen Dogma unterworfen haben, als Neuerer in der katholischen Kirche erscheinen, denen die Gegner der päpstlichen Unfehlbarkeit nicht nur keine Unterwerfung schuldig sind, sondern denen dieselben sogar im Interesse der Aufrechterhaltung der reinen Lehre Widerstand leisten müſsten.

Nach Maſsgabe der in Preuſsen in Geltung stehenden Gesetze ist also ein rechtliches Fundament für defensive Schutzmaſsregeln nicht anders zu finden, als wenn man sich in den beiden S. 4 u. 9 besprochenen Fragen auf die Seite der Altkatholiken stellt, d. h. nur um den Preis, daſs man eine, wie bereits vorhin gezeigt, bedenkliche, und in allen ihren Konsequenzen doch nicht durchführbare Position einnimmt.

II. Für Baiern dagegen kommt in Betracht, daſs hier das s. g. Placet für die Erlasse der kirchlichen Gewalt besteht. Das einen Theil der bairischen Verfassung vom 26. Mai 1818 bildende Edikt, die äuſseren Rechtsverhältnisse der Einwohner des Königreichs Baiern in Beziehung auf die Religion und kirchliche Gesellschaften betreffend, bestimmt:

„§ 57. Da die hoheitliche Oberaufsicht über alle innerhalb der Gränzen des Staats vorfallenden Handlungen, Ereignisse und Verhältnisse sich erstreckt, so ist die Staatsgewalt berechtigt, von demjenigen, was in den Versammlungen der Kirchengesellschaft gelehrt und verhandelt wird, Kenntnifs einzuziehen."

„§ 58. Hiernach dürfen keine Gesetzverordnungen oder sonstige Anordnungen der Kirchengewalt nach den hierüber in den Königlichen Landen schon längst bestehenden General-Mandaten ohne Allerhöchste Einsicht und Genehmigung publicirt und vollzogen werden. Die geistlichen Obrigkeiten sind gehalten, nachdem sie die Königliche Genehmigung zur Publikation (Placet) erhalten haben, im Eingange der Ausschreibungen ihrer Verordnungen von derselben jederzeit ausdrücklich Erwähnung zu thun." *)

Bisher ist in Baiern das erforderliche Placet zu der Publikation der Koncilsbeschlüsse durch die Bischöfe nicht ertheilt worden, vielmehr haben diese letzteren die Veröffentlichung vorgenommen, also sich einfach über die eben angeführten Vorschriften hinweggesetzt.

Letztere enthalten zwar keine ausdrücklichen Bestimmungen über die Folgen ihrer Verletzung, da sie aber die Ausübung des Gesetzgebungs- und Verordnungsrechtes der kirchlichen Oberen von der Mitwirkung der Staatsbehörde abhängig machen, und die Vollziehung der kirchlichen Anordnungen ohne Genehmigung derselben verbieten, so folgt daraus die unabweisbare Konsequenz, dafs alle kirchlichen Erlasse, welche unter Nichtbeachtung dieser Vorschriften publicirt sind, vom Staate als nicht existent, also als null und nichtig betrachtet werden müssen. Die bairische Regierung braucht demnach die Beschlüsse des vatikanischen Koncils für die katholische Kirche, soweit sie in ihrem Lande eine Stätte hat, nicht für verbindlich anzusehen, und ist mithin rechtlich befugt, alle Akte der kirchlichen Obern, welche die Anerkennung des Dogmas der Unfehlbarkeit durchzusetzen bezwecken oder wegen Verwerfung desselben Censuren, Suspensionen und Strafen oder andere Mafsnahmen verhängen, zu kassiren. Wenn demnach der oben (S. 1) gedachte Erlafs des bairischen Kultusministers allen derartigen Mafsregeln die Wirksamkeit für das staatliche Gebiet abspricht, so ist das allerdings

*) Die Allerhöchste Entschliefsung vom 8. April 1852 hat unter No. 3 nur „für die von dem Oberhaupte der Kirche oder von den Bischöfen ausgehenden Jubiläums- und Ablafsverkündigungen, dann für die Fastenpatente das Placet bis auf Weiteres im Voraus," mithin ein und für alle Mal ertheilt, und kommt somit für die Erörterung im Texte nicht in Betracht.

richtig, aber damit sind die Konsequenzen der Verweigerung des Placets nicht in erschöpfender Weise gezogen. Auch für das kirchliche Gebiet, soweit es sich um die katholische Kirche in Baiern handelt, können jene Erlasse ebenso wenig Geltung beanspruchen, weil das Religions-Edikt diesen Unterschied nicht aufstellt, vielmehr jede Vollziehung, also auch die mit kirchlichen Mitteln und für das innere Forum, verbietet. Denn alle diese Schritte stellen sich als Vollziehung eines nicht von der Staatsbehörde genehmigten Erlasses der geistlichen Gewalt dar.

Mit andern Worten, die bairische Regierung hat dadurch, dafs ihr das Recht des Placets zusteht, den Vortheil einer festen rechtlichen Basis für alle Verwaltungsmafsregeln, während in Preufsen dieses Fundament allein dadurch zu schaffen ist, dafs der Staat entweder die Koncilsbeschlüsse als nichtig oder als das Wesen der katholischen Kirche umgestaltend betrachtet.

III. In derselben Lage, wie die bairische, befindet sich auch die königlich sächsische Regierung, ihr steht ebenfalls gesetzlich das Recht des Placets zu, nach § 3 des Mandates, die Ausübung der katholisch-geistlichen Gerichtsbarkeit u. s. w. betreffend, vom 19. Februar 1827, dahin lautend:

> „Die Bekanntmachung allgemeiner, entweder vom römischen Stuhle ausgehender oder sonst vom Vikariate für nöthig zu befindender Anordnungen durch den Druck oder öffentlichen Anschlag, soll ohne Unser landesherrliches Vorwissen und nach Befinden, beigefügtes Placet nicht geschehen. — Auch behalten wir uns vor, in etwa vorkommenden Fällen, welche auf Unsere landesherrliche Gerechtsame Einflufs haben können, und bei Beschwerden über Mifsbrauch der, von dem Vikariate auszuübenden geistlichen Gewalt, selbst in geeignetem Maafse zu entscheiden. — Zum Behufe solcher Entscheidungen soll jedesmal über den in Frage stehenden Gegenstand von Unserem geheimen Rathe mit dem apostolischen Vikar sich zuvor communicando vernommen, und in dessen Folge räthliches Gutachten darüber von Ersterem Uns eröffnet werden."

Wenngleich in den gedachten beiden Staaten Verwaltungsmafsregeln zum Schutze der Altkatholiken blos auf Grund des bestehenden Placetrechtes rechtlich statthaft sind, so werden die Regierungen praktisch mit denselben doch nicht ausreichen. Denn, wo die Bischöfe, wie das in Baiern der Fall ist, trotz des mangelnden Placets den Koncilsbeschlüssen Anwendung zu verschaffen suchen, werden die schon S. 14 hervorgehobenen Uebelstände sich gleichfalls geltend machen, und bei fortgesetzter Renitenz bliebe schliefslich nichts Anderes übrig, als die Entfernung der sich gegen das Staatsgesetz auflehnenden Bischöfe und Geistlichen, weil diese als Anhänger eines nicht die katholische Kirche des Landes verpflichtenden Dogmas auch nicht mehr als derselben angehörig betrachtet werden dürfen, eine Mafsregel, gegen welche aber alle schon früher (S. 13) entwickelten Bedenken sprechen.

IV. Für Würtemberg kommt in Frage die Vorschrift des Artikels 1 des Gesetzes, betr. die Regelung des Verhältnisses der Staatsgewalt zur katholischen Kirche vom 30. Januar 1862:

> „Die von dem Erzbischof, dem Bischof und den übrigen kirchlichen Behörden ausgehenden allgemeinen Anordnungen und Kreisschreiben an die Geistlichkeit und Diöcesanen, wodurch dieselben zu Etwas verbunden werden sollen, was nicht ganz in dem eigenthümlichen Wirkungskreise der Kirche liegt, sowie auch sonstige Erlasse, welche in staatliche oder bürgerliche Verhältnisse eingreifen, unterliegen der Genehmigung des Staates. Solche allgemeine kirchliche Anordnungen und öffentliche Erlasse dagegen, welche rein geistliche Gegenstände betreffen, sind der Staatsbehörde gleichzeitig mit der Verkündigung zur Einsicht mitzutheilen.
>
> Denselben Bestimmungen unterliegen die auf Diöcesan- und Provinzialsynoden gefafsten Beschlüsse; ebenso die päpstlichen Bullen, Breven und Erlasse, welche immer nur von dem Bischof verkündet und angewendet werden dürfen;“ und

V. für Baden der im Wesentlichen mit dem eben mitgetheilten würtembergischen Gesetz übereinstimmende § 15 des Gesetzes vom 9. Oktober 1860 über die rechtliche Stellung der Kirchen und kirchlichen Vereine im Staate, dahin lautend:

> „Keine Verordnung der Kirchen, welche in bürgerliche oder staatsbürgerliche Verhältnisse eingreift, kann rechtliche Geltung in Anspruch nehmen oder in Vollzug gesetzt werden, bevor sie die Genehmigung des Staats erhalten hat.
>
> Alle kirchlichen Verordnungen müssen gleichzeitig mit der Verkündigung der Staatsregierung mitgetheilt werden.“

In beiden Staaten kann schon zunächst ein Konflikt mit der katholischen Kirche darüber entstehen, ob die auf dem vatikanischen Koncil publicirten Beschlüsse, welche in der schon erwähnten Konstitution: *Pastor aeternus* vom 18. Juli 1870 enthalten sind, in die Kategorie der kirchlichen Verordnungen, welche des Placets bedürfen, fallen oder nicht. In Würtemberg wird man sich kirchlicherseits darauf berufen, dafs es sich hier um einen Erlafs handelt, welcher nur innerhalb des eigenthümlichen Wirkungskreises der Kirche liegende Gegenstände betrifft, da die gedachten Beschlüsse allein, die Einsetzung des Primates des Apostels Petrus, die Fortdauer desselben in den römischen Päpsten, die Bedeutung des Primates, namentlich sein Verhältnifs zum Episkopat und das unfehlbare Lehramt des Papstes definiren, also rein dogmatischen Inhalts seien. In Baden wird man das Placet gleichfalls mit denselben Gründen abwehren und ebenfalls darauf hinweisen, dafs die Konstitution nur dogmatische, das innere Gebiet der Kirche berührende Entscheidungen, aber keine in die bürgerlichen oder staatsbürgerlichen Verhältnisse eingreifende Bestimmungen enthält.

Staatlicherseits wird dagegen das Placet mit Fug und Recht in beiden Staaten beansprucht werden können. Denn ganz abgesehen davon, ob nicht das dritte Kapitel, welches das krasseste Papalsystem im Gegensatz zum s. g. Episkopalsystem für das einzig berechtigte erklärt, schon deshalb in die staatsbürgerlichen Verhältnisse eingreift, weil es die Stellung des Papstes zu den Bischöfen der einzelnen Länder modificirt hat, gehört dasselbe in so fern unzweifelhaft in die Klasse der dem Placet unterworfenen Verfügungen, als es ausdrücklich bestimmt: „*Quare damnamus ac reprobamus illorum sententias qui hanc supremi capitis cum pastoribus et gregibus communicationem licite impediri posse dicunt aut eandem reddunt saeculari potestati obnoxiam, ita ut contendant, quae ab apostolica sede vel eius auctoritate ad regimen ecclesiae constituuntur, vim ac valorem non habere, nisi potestatis saecularis placito confirmentur*“ (deshalb verdammen und verwerfen wir die Meinungen derjenigen, welche die Hinderung dieses freien Verkehrs des Oberhauptes mit den Hirten und Heerden für erlaubt erklären, oder welche diesen in der Weise von der weltlichen Gewalt abhängig machen, dafs nach ihrer Behauptung die zur Regierung der Kirche vom apostolischen Stuhl oder unter dessen Autorität erlassenen Verordnungen nur zu Folge des Placets der weltlichen Gewalt Kraft und Geltung haben), d. h. das in den beiden Staaten kraft der weltlichen Gesetzgebung zu Recht bestehende Placet feierlich verdammt.

Ohne dafs weiter untersucht zu werden braucht, ob die im vierten Kapitel proklamirte Unfehlbarkeit des Papstes nicht auch das Placet nöthig macht, weil sie nicht allein vom 18. Juli 1870 ab datirt, sondern auch kraft rückwirkender Kraft alle früheren, das Verhältnifs zwischen Staat und Kirche betreffenden päpstlichen Konstitutionen, sofern sie *ex cathedra* erlassen sind, nunmehr für unfehlbar gelten müssen, ergiebt sich aus der vorstehenden Erörterung schon, dafs beide Regierungen, trotzdem dafs das Placet in ihren Ländern nicht in demselben Umfange, wie in Baiern und Sachsen besteht, der neuen Konstitution gegenüber sich in derselben Lage, wie die Regierungen der zuletzt genannten Staaten, befinden.

Die Gesetzgebung der kleineren, zum deutschen Reich gehörigen Länder, welche keine eigenen Bisthümer besitzen, sondern theils mit denen anderer Staaten (wie z. B. Oldenburg, Sachsen-Weimar, Lippe-Detmold) im Diöcesan-Verbande stehen, theils (wie z. B. Anhalt und Mecklenburg) Missionsländer sind, kann ich füglich übergehen, weil diese eine verhältnifsmäfsig geringe Zahl von Katholiken besitzen, und ihre Gesetzgebung dieselben Verschiedenheiten, wie die der gröfseren Staaten aufweist.

Nur in Betreff Oesterreichs (abgesehen von Ungarn) sei noch bemerkt, dafs nach dem freilich aufgehobenen Konkordat der Staat kein Recht des Placets besessen hat, und dafs die Bischöfe, hinsichtlich der Disciplinargerichtsbarkeit und der Befugnifs geistliche Censuren zu verhängen, eine ebenso freie Stellung gehabt haben, wie in Preufsen. Da weder die vor dem Konkordat gültig gewesenen, durch das letztere aufgehobenen Gesetze wieder in Wirksamkeit getreten, noch auch neue beschränkende Bestimmungen erlassen sind, so ist hier bis jetzt an der durch das Konkordat geschaffenen Lage Nichts geändert worden.

Abschnitt II.

Die rechtliche Zulässigkeit einer neuen gesetzlichen Regelung des Verhältnisses zur katholischen Kirche in den einzelnen deutschen Staaten.

Der vorhergehende Abschnitt hat den Nachweis geführt, daſs nach dem jetzt bestehenden Kirchenrecht die einzelnen deutschen Staaten nicht im Stande sind, sich vor etwaigen, auf Grund des Unfehlbarkeitsdogmas erhobenen Angriffen der katholischen Kirche mit blossen Verwaltungsmaſsregeln zu schützen. Damit ist zugleich die Nothwendigkeit einer neuen gesetzlichen Regelung des Verhältnisses zur katholischen Kirche dargethan.

Ehe aber positive Vorschläge über diesen letzteren Punkt gemacht werden können, bedarf es noch der Erledigung der Vorfrage, ob die deutschen Regierungen zu einem solchen Vorgehen einseitig — also ohne Konkurrenz der katholischen Kirche rechtlich befugt sind.

Allerdings ist — abgesehen von Oesterreich — Baiern der einzige deutsche Staat, welcher die Verhältnisse der katholischen Kirche auf dem Wege des Konkordates geregelt hat, aber eine unter den Kanonisten verbreitete Ansicht legt auch den auf Grund von Vereinbarungen zwischen den Regierungen und der Kurie vom Papst erlassenen und von den ersteren genehmigten sog. Circumscriptionsbullen, — in Frage kommen die Bullen: *De salute animarum* vom 16. Juli 1821 für Preussen in seinem damaligen Bestande, für Hannover die Bulle: *Impensa Romanorum Pontificum* vom 26. Juni 1824, und für die oberrheinische Kirchenprovinz, wozu Würtemberg, Baden und das Groſsherzogthum Hessen, ferner von preussischen Landestheilen ausser den Hohenzollernschen Fürstenthümern noch Kurhessen, Nassau und Frankfurt a. M. gehören, die Bullen: *Provida solersque* vom 16. August 1821 und *Ad dominici gregis* vom 11. April 1827 — ebenso wie den Konkordaten den Charakter von Staat und Kirche bindenden Verträgen bei (s. die Anführungen bei Richter, Lehrbuch des katholischen und evangelischen Kirchenraths, 6. Auflage, besorgt von Dove, Leipzig 1867 S. 264 und Bornagius, über die rechtliche Natur der Konkordate. Leipzig 1870 S. 118.)

Wäre diese Ansicht richtig, so könnten die Regierungen nur mit Zustimmung der katholischen Kirche von den in den Konkordaten, resp. den betreffenden Bullen enthaltenen Bestimmungen abgehen, sofern man nicht etwa in der Proklamirung des Dogmas der Unfehlbarkeit einen Grund finden will, welcher den einen Kontrahenten — den Staat — zum einseitigen Rücktritt von den mit der Kurie geschlossenen Vereinbarungen berechtigt. Dabei würde dann die Frage, ob die katholische Kirche in Folge des vatikanischen Koncils eine andere geworden ist, in doppelter Hinsicht in Betracht gezogen müssen, nämlich einmal insofern, als die Veränderung der Kirche, möglicher Weise als ein einseitiger Aufhebungsgrund der gedachten Vereinbarungen von manchen — wie dies z. B. von der österreichischen Regierung geschehen ist (s. oben S. 9.) — geltend gemacht werden dürfte, sodann aber auch insofern, als es von der verschiedenen Beantwortung jener Frage abhängt, wessen Konsens, ob die Zustimmung der neukatholischen oder die der altkatholischen Kirche bei einer im Wege des gegenseitigen Benehmens anzustrebenden Beseitigung der bisher bestehenden Verträge für den Fall, daſs man einen einseitigen Rücktritt unter den obwaltenden Umständen nicht für statthaft erachtet, einzuholen ist.

M. E. bedarf es aber einer Prüfung der eben hervorgehobenen Gesichtspunkte seitens der Regierungen nicht. Denn die Theorie, welche die Vertragsnatur sowohl der Konkordate als auch der Circumscriptionsbullen vertheidigt, erscheint trotz der grossen Anzahl ihrer Vertheidiger, nicht haltbar. Nach dem modernen Staatsrecht ist die Gesetzgebung des Staats für alle innerhalb der Sphäre desselben in die äussere Erscheinung tretenden Verhältnisse omnipotent, und die einzelnen christlichen Kirchen sind ihr, soweit sie innerhalb der einzelnen Staatsgränzen sich finden, ebenso unterworfen, wie jedes einzelne Individuum und jede andere Korporation. Dagegen hat allerdings Dove (in dem angeführten Richter'schen Lehrbuch S. 263 Note 10) bemerkt, dass die Kirche selbst ihr Recht auf Existenz unmittelbar von Gott und nicht vom Staate herleite, und daſs der paritätische Staat in der katholischen Kirche eine der Erscheinungsformen der christlichen Kirche anerkenne, wie auch die göttliche Sendung dieser letzteren, da er ein christlicher Staat geblieben sei, für ihn feststehe. Indessen kommt es zunächst für die rechtliche Stellung der Kirche im Staate nicht darauf an, worauf diese letztere ihr Recht auf Existenz stützt, sondern ob der Staat dem bezüglichen Anspruch der Kirche praktische Folge giebt, und gerade hierin zeigt sich die Abhängigkeit der kirchlichen Rechtsordnung vom Staate. Praktisch ist das auch nie anders gewesen, denn nur durch die staatliche Anerkennung unter Konstantin hat die christliche Kirche im römischen Reich eine rechtliche geschützte Stellung erhalten, und selbst im Mittelalter hätte sie nie jene übermächtige Stellung gewinnen können, wenn hier die Staatsidee nicht sehr mangelhaft entwickelt gewesen wäre, und die weltliche Gewalt nicht vor den Prätensionen, welche die katholische Kirche auf ihre göttliche, dem Staate übergeordnete Stellung geltend gemacht hat, zurückgewichen wäre und so theils aus Ueberzeugung theils aus Mangel an Macht derselben für bestimmte Gebiete die Ausübung des Gesetzgebungsrechtes und des Rechts der obersten Gerichtsbarkeit überlassen hätte. Dafs in Folge der Reformation, der Entwicklung des s. g. *Jus reformandi*, sowie der praktischen Verwerthung territorialistischer Doktrinen sowohl seitens protestantischer, wie auch katholischer Regenten der Staat ebenfalls sein Gesetzgebungsrecht über die kirchlichen Angelegenheiten ausgeübt hat, ist gleichfalls bekannt genug, und es hat noch Niemand daran gezweifelt, dafs das kanonische und das katholische Kirchenrecht in den modernen Staaten nicht ohne Weiteres, weil es von den nach katholischer Lehre legitimirten Organen ausgegangen ist, rechtliche Geltung besitzt, sondern nur in soweit, als es der Staat anerkennt, oder als der letztere dem Papst und den Bischöfen die Ermächtigung zum Erlass von Rechtsnormen ein für alle Mal im Voraus ertheilt hat. Hätte die Kirche als äussere Anstalt dem Staat und seiner Gesetzgebung gegenüber formell ein selbstständiges, unabhängiges Recht auf Existenz, so müfste doch auch ein bestimmter Kreis von Angelegenheiten nachweisbar sein, welchen sie unabhängig von jeder staatlichen Koncurrenz mit für den Staat bindender Kraft zu regeln befugt wäre. Da das nicht der Fall ist, so erscheint die Kirche, soweit sie innerhalb des Staatsgebietes in die Erscheinung tritt, nur als eine seiner Gesetzgebung unterworfene Korporation, und wenn der Staat ihre äusseren Verhältnisse in Anerkennung der göttlichen Stiftung der Kirche vielfach nach ihren eigenen Forderungen normirt hat, so beruht das einzig und allein auf seinem Willen, nicht auf einer rechtlichen Verpflichtung seinerseits.

Freilich hat man die hier vertretene Auffassung auch mit der Ausführung von der Hand zu weisen gesucht, dafs die katholische Kirche über den einzelnen Staat hinausgehe, und es unzulässig sei, von einer katholischen Landeskirche zu reden. Aber so richtig diese Bemerkungen an und für sich sind, so treffen sie doch hier nicht im Entferntesten zu. Den einzelnen Staat interessirt für seine Rechtsordnung die katholische Kirche immer nur in so fern, als sie innerhalb seines Gebietes besteht, und wenn er mit dem Papst als dem Oberhaupt der katholischen Kirche verhandelt, so thut er dies deshalb, weil der letztere nach der kirchlichen Auffassung allein als legitimirt zu gewissen Akten gilt, wie er ja auch mit den nicht innerhalb seiner Gränzen wohnenden Vertretern anderer Korporationen, welche sich über seine Gränzen hinaus ausdehnen, Verabredungen treffen kann. In so weit trägt der Staat also der katholischen Anschauung Rechnung, aber von einer der des Staates gleichstehenden Souveränität des Papstes zu sprechen, (so z. B. Bornagius a. a. O. S. 115), ist eine Ungenauigkeit, weil sich die letztere für das Gebiet der einzelnen Staaten nur gerade so weit in allen, in die äussere Erscheinung tretenden Verhältnissen bethätigen kann, als es die Staatsgesetzgebung gestattet.

Wenn die vorstehenden Ausführungen begründet sind, so folgt daraus, dafs die katholische Kirche stets der Gesetzgebung des einzelnen Staates unterworfen ist. Dann aber ist die Regelung ihrer Stellung zum Staat lediglich eine Frage der inneren Gesetzgebung, da die Kirche ihm nicht koordinirt, sondern subordinirt ist. Bindende Verträge mit Rechtssubjecten, welche der gesetzgebenden Gewalt des Staates unterworfen sind, über die Ausübung der letzteren erkennt das moderne Staatsrecht nicht an, weil der Staat seinem Wesen nach unabhängig von den ihm unterstehenden Rechtssubjekten gerade für diese das objektive Recht festzustellen hat, und somit in der Lage ist, jeden Augenblick das durch einen etwaigen derartigen Vertrag eingeräumte Recht einseitig zu entziehen, d. h. eben an einen solchen rechtlich nicht gebunden ist.

Bei der Wichtigkeit der Frage nach der rechtlichen Natur der Konkordate und den vielen darüber bestehenden Meinungen mag hier nur noch eines beachtenswerthen Versuches der Lösung der Kontroverse gedacht werden. Dieser läuft im Grunde auf die hier vertretene Auffassung, welche ich unmöglich an diesem Orte gegen alle erhobenen Einwendungen vertheidigen kann, hinaus und bietet deshalb eine schätzbare Bestätigung derselben dar, da ihr Urheber selbst das nicht im Entferntesten beabsichtigt hat. Hübler hat (in Doves und Friedbergs Zeitschrift für Kirchenrecht Bd. 4. S. 1050 (121) die Ansicht zu begründen unternommen, dafs sich die hier berührte Streitfrage gar nicht absolut lösen lasse. Den Konkordaten aus der Zeit der kirchlichen Suprematie komme in gewissem Sinne der Charakter kirchlicher Privilegien zu; wo die Kirche nur die Stellung einer priviligirten Korporation habe, seien sie einseitige legislative oder administrative Akte, und nur im Stadium der Koordination von Staat und Kirche hätten sie die Natur wirklicher Verträge. Daher sei bei jedem Konkordats-Konflikt das wechselnde Verhältniss zwischen Staat und Kirche und die Summe aller seiner Manifestationen thatsächlich festzustellen, und zwar nicht nach der Zeit des Konfliktes, sondern nach der Zeit des Abschlusses des Konkordates. Kein Konkordat mache die verschiedenen Phasen der Entwicklung des Verhältnisses zwischen Staat und Kirche durch, vielmehr begründeten diese für die Konkordaten-Praxis rechtshindernde Einreden, *exceptiones litis finitae.* Motivirt werden diese Ansichten folgendermassen: Es gäbe kein subjektives Recht ohne Rechtssatz und jedem Vertrage sei von Anfang an die stillschweigende Klausel hinzuzudenken, es solle das in demselben konstituirte Recht nur auf so lange Zeit Geltung haben, als die Gesetzgebung, das positive Recht, ein solches Recht überhaupt als zulässig betrachten werde. Werde nun in Folge dessen, dafs die Rechtssubstanz keine stabile Masse, vielmehr entsprechend dem Entwicklungsgange der Kulturverhältnisse in stetem Flusse begriffen sei, die Rechtsordnung verändert, so seien damit auch die Folgen dieser Veränderung unmittelbar zu Recht bestehend. Sodann hätten die verschiedenen Rechtsgebiete ihre eigenen Subjekte und Objekte, ihre eigenen Normen (Rechtsstoff) und daraus folge: 1) der Erwerb eines Rechtes setze die Befähigung des Subjekts zum Objekt und umgekehrt des Objekts zum Subjekt, d. h. die Zugehörigkeit von beiden zu derselben allgemeinen Rechtsordnung, voraus, 2) der Besitz eines Rechtes hänge davon ab, dafs das berechtigte Subjekt den Schutz derjenigen allgemeinen Rechtsordnung geniefse, durch welche das konkrete

Recht als solches gewährleistet werde, 3) das Recht cessire daher, sobald das Subjekt aus jener Sphäre ausscheide, und mit diesem Uebergang vollziehe sich eine totale Lösung aller seiner bisherigen Rechtsverhältnisse, eine *capitis deminutio maxima*, ein Absterben der Rechtsperson, wodurch absolut mit der Vergangenheit gebrochen werde, und alles Mithinübernehmen von Rechten aus der früheren Sphäre abgeschnitten werde. Unter Anwendung dieser Theorie auf die Konkordate kommt Hübler zu dem oben schon erwähnten Resultat, indem er noch erklärt, dafs bei der Veränderung des Rechtsverhältnisses zwischen Staat und Kirche die ursprünglichen kontrahirenden Rechtssubjekte juristisch nicht mehr vorhanden seien, und wenn auch neue Bildungen an ihre Stelle träten, so ermangelten diese doch der aktiven, wie ihre Antecessoren der passiven Erbfolgefähigkeit.

Nach dieser Theorie, deren nähere Prüfung ich hier unterlassen will, kann also ein Konkordat sich unter Umständen rechtlich nur als ein einseitiger gesetzgeberischer Akt darstellen, welchen der Staat mithin im Wege der Gesetzgebung beliebig aufzuheben befugt ist. Voraussetzung dafür ist allein, dafs die allgemeine Auffassung des Verhältnisses von Staat und Kirche zur Zeit seiner Abschliefsung nicht die einer Koordination beider Gewalten, sondern einer Unterordnung der Kirche unter den Staat gewesen ist. Wird zugegeben, dafs diese die mafsgebende bei Abschliefsung der deutschen Konkordate und bei den das Fundament der deutschen Circumscriptionsbullen bildenden Vereinbarungen gewesen ist, so kommt das im Resultat auf die von mir vertretene Auffassung hinaus. Das Gleiche gilt dann, wenn man eine Koordination beider Gewalten zu jenem Zeitpunkt annimmt, aber weiter davon ausgeht, dafs nach heutiger Auffassung jene gleiche Stellung nicht mehr existirt, denn dann hat nach der Hübler'schen Auffassung das vertragsmäfsig begründete Rechtsverhältnifs der Kontrahenten in Folge der Umgestaltung der Rechtsordnung ohne Weiteres seine rechtliche Wirksamkeit verloren.

Läfst sich erweisen, dafs schon Anfang dieses Jahrhunderts der Staat die Kirche als sich subordinirt betrachtet hat, so würden die damals abgeschlossenen Konkordate und die wegen der Circumscriptionsbullen getroffenen Vereinbarungen für die betreffenden Regierungen allein den Charakter einseitig erlassener Gesetze gehabt haben. Diese Auffassung ist allerdings damals nicht klar bei den Regierungen hervorgetreten, vielmehr hat man geradezu den Weg der Verhandlung mit der römischen Kirche eingeschlagen und sich hierbei in den sonst bei der Abschliefsung von völkerrechtlichen Verträgen hergebrachten Formen bewegt, aber in Baiern hat man das 1817 abgeschlossene Konkordat nach dem Vorbilde Frankreichs zugleich mit dem Edikt über die äufseren Rechtsverhältnisse des Königreichs in Beziehung auf Religion und kirchliche Gesellschaften vom 26. Mai 1818 publicirt, und da die Bestimmungen des letzteren das Konkordat in manchen Punkten abgeändert haben, so hat in Baiern von vornherein die Regierung thatsächlich das Recht geübt, einseitig von der getroffenen Vereinbarung abzugehen, diese also nicht für absolut bindend angesehen.

Dafs man in Preussen denselben Standpunkt eingenommen, ergiebt die Aeusserung in dem Publikandum über die Bulle *de salute animarum* vom J. 1821: „Stipulationen, wodurch der Wirkungskreis der geistlichen Obern und ihre Stellung zu den weltlichen Behörden des Staates näher bestimmt wurden, sind nicht getroffen worden und insofern kann von einem Konkordate in diesem Sinne nicht die Rede sein. Der König konnte den Vollgehalt seiner Hoheitsrechte . . . nicht von fremder Anerkennung abhängig machen, nicht den freien Gebrauch derselben durch beengende Verträge einschränken wollen“ (s. Mejer, die Propaganda, ihre Provinzen und ihr Recht Bd. 2. S. 468.), eine Anschauung, welche auch in der Allerhöchsten Kabinets - Ordre vom 23. August 1821 betreffend die Sanktion der erwähnten Bulle dadurch Ausdruck gefunden hat, dafs die königliche Bestätigung nur unbeschadet der Majestätsrechte ertheilt worden ist.

Die Betonung der letzteren und die Aufrechterhaltung der landrechtlichen, von territorialistischen Grundsätzten durchwebten Gesetzgebung des Landrechts zeigt, dafs man damals an mafsgebender Stelle die Kirche ebenfalls dem Staate untergeordnet betrachtete, wenngleich man andererseits wieder doch Verträge mit der Kurie als möglich und statthaft ansah.

Da auch die bei der oberrheinischen Kirchenprovinz interessirten Regierungen im wesentlichen nicht von anderen Anschauungen beherrscht waren, so kann man jedenfalls nicht sagen, dafs in jener Zeit das Verhältniss von Staat und Kirche als das der Koordination zweier vollkommen gleichberechtigten Gewalten angesehen worden ist, und schon deshalb müsste man, jene Hübler'sche Theorie auf die damaligen Vereinbarungen angewendet, ihnen einen für den Staat rechsbindlichen Charakter absprechen.

Abgesehen davon legt jene Ausführung das entscheidende Gewicht auf die Phasen des Verhältnisses zwischen Staat und Kirche und die dadurch beeinflufste Veränderung der Rechtsordnung. Mit einem blossen Umschwung in der Auffassung der gegenseitigen Stellung beider Gewalten ändert sich aber das Recht zweifellos noch nicht, und ein solcher hat sich thatsächlich wohl innerhalb der Wissenschaft, in den Regierungskreisen und dem Laienbewufstsein vollzogen, nicht aber bei den Organen der römischen Kirche, welche heute, wie der vielberufene Syllabus vom J. 1864 zur Genüge zeigt, noch dieselben Anschauungen über die Suprematie der Kirche, wie im Mittelalter, vertreten. Sonach ist es nur möglich, dafs eine Verschiedenheit in jener Entwicklung durch die Stellung des Staates herbeigeführt wird, sei es, dafs er vor der Kirche zurückweicht, sei es, dafs er dieselbe mehr als früher einschränkt. Da es ferner keine Macht giebt, welche zugleich über dem Staat und der Kirche steht und die für beide geltende bisherige Rechtsordnung abändern könnte, die Kirche aber andererseits als solche dem Staate ohne seine Zustimmung keine bindende Normen zu geben im Stande ist, so ist es immer der letztere allein, welcher durch Umgestaltung seines objektiven Rechtes die früher von der Kirche erworbenen subjektiven Rechte aufheben kann, und das heifst im Grunde nichts anderes, als das, was ich eben als meine Auffassung hingestellt habe, nämlich dafs die Regelung des Verhältnisses zwischen Staat und Kirche lediglich eine Sache der inneren Gesetzgebung ist, und dafs die Kirche nicht ein dem Staate koordinirtes, sondern subordinirtes Rechtssubjekt ist.

Ich weifs sehr wohl, dafs mir von ultramontaner Seite der Vorwurf gemacht werden wird, ich wolle mit meiner Theorie den Vertragsbruch im Interesse der Regierungen beschönigen. Nicht um das abzuwehren, sondern nur um Mifsverständnissen vorzubeugen, mag darauf hingewiesen werden, dafs mit der angenommenen Nichtigkeit der Konkordate, resp. Circumscriptionsbullen als rechtlich bindender Verträge, die Innehaltung der Vereinbarungen zwischen Kurie und Staat nicht ohne Weiteres als unstatthaft verworfen ist. Vielmehr erfordern Treu und Glauben dieselbe ebenso, wie es der Anstand und die gute Sitte verlangen, dafs von den Privatpersonen gewisse vom Civilrecht für unklagbar und nichtig erklärte Verträge gehalten werden. Wenn es aber der Staat für nothwendig erachtet, solche Vereinbarungen nicht mehr zu respektiren, so steht ihm das juristisch vollkommen frei, und die Frage, ob die Gründe für ein solches Verhalten seinerseits genügend sind, ist keine rechtliche, sondern nur eine Frage der Staatsmoral und der Politik.

Gerade hierin besteht die praktische Differenz zwischen den Anhängern der von mir vertheidigten Auffassung und denjenigen, welche den Konkordaten, resp. Circumscriptionsbullen die Natur rechtlich bindender Verträge beilegen, denn die letzteren lassen auch den Kontrahenten einen einseitigen Rücktritt frei. Ob indessen dieser statthaft ist, das bemessen sie nach den Grundsätzen über die Verträge, und damit wird die Frage selbstverständlich zu einer juristischen gemacht. So soll namentlich die einseitige Aufhebung zulässig sein, wenn die Erfüllung aus erst später eingetretenen Gründen unmöglich geworden ist, insbesondere, wenn durch dieselbe andere, höher stehende Pflichten verletzt würden oder wenn eine wesentliche Veränderung derjenigen Verhältnisse, welche zur Zeit des Vertragsabschlusses bestanden und welche nach der Absicht der Kontrahenten als die ausdrückliche oder stillschweigende Bedingung des Bestandes der Konkordate anzusehen sind (s. z. B. Bornagius a. a. O. S. 126).

Will man die von mir vertretene Auffassung nicht adoptiren, so würden die Regierungen unzweifelhaft freie Hand in Bezug auf ihre kirchliche Gesetzgebung haben, sowie die Frage bejaht wird, dass die Unfehlbarkeitserklärung des Papstes und die sich an diese anschliessenden Mafsnahmen der katholischen Kirche einen der gedachten Rücktrittsgründe konstituiren. Eine richterliche Entscheidung darüber giebt es nicht, es hat also der einzelne Staat allein darüber zu befinden. Welche Gesichtspunkte hier in Frage kommen würden, habe ich bei meiner Auffassung von der Natur der Konkordate nicht näher zu untersuchen, aber jedenfalls beweist die thatsächliche Lage schon zur Genüge, dafs eine Veränderung der Stellung der katholischen Kirche zum Staat stattgefunden hat und dafs diese mit Fug und Recht als Aufhebungsgrund geltend gemacht werden könnte. Wenngleich die Untersuchung zu Anfang des folgenden Abschnittes einem anderen Zwecke gewidmet ist, so wird sie doch zugleich auch die nähere Motivirung für die eben hingestellte Behauptung darbieten. Freilich werden die

Ultramontanen, welche den Staat zum gehorsamen Exekutor ihrer Bestrebungen zu machen beflissen sind, und welche mit Bonifacius VIII. noch heute beanspruchen, dafs das geistliche Schwert nach dem Winke des unfehlbaren Oberhauptes der Kirche geführt werde, jeden einseitigen staatlichen Rücktritt von den bisherigen Vereinbarungen für ein der Kirche zugefügtes schreiendes Unrecht erklären, gleichviel ob der einzelne Staat diesen deshalb für statthaft erachtet, weil er die Konkordate überhaupt nicht als bindend ansieht, oder weil er durch das Verhalten des andern Theiles einen Rechtsgrund zur Aufhebung erhalten zu haben glaubt.

Abschnitt III.

Positive Vorschläge über die Umgestaltung des Verhältnisses der deutschen Staaten zur katholischen Kirche.

Die vorangehende Darstellung hat den Nachweis versucht, dafs blosse Verwaltungsmafsregeln nicht genügend sind, den Staat vor den neuerdings von der katholischen Kirche ausgegangenen Angriffen sicher zu stellen, und damit ist zugleich die Nothwendigkeit einer gesetzlichen Regelung des Verhältnisses zur katholischen Kirche dargethan.

Nachdem ich weiter erwiesen habe, dafs eine solche auch den jetzt geltenden Konkordaten und Vereinbarungen gegenüber rechtlich statthaft ist, habe ich die Vorschläge über die positive Gestaltung jenes Verhältnisses zu entwickeln. Zu diesem Behufe ist zunächst die Tragweite der vom Koncil gefafsten Beschlüsse zu erörtern, weil der Inhalt der etwa neu zu erlassenden Gesetze durch diese wesentlich bestimmt werden mufs, und erst dann kann auf die nähere Präcisirung derselben nach den beiden in Betracht kommenden Richtungen, d. h. einmal auf die den Neukatholiken und dann auf die den s. g. Alt- oder Protestkatholiken staatlicherseits zu gewährende Stellung eingegangen werden.

I. Die Bedeutung des vatikanischen Koncils für das Verhältniss zwischen Staat und Kirche.

A. Das dritte Kapitel der Konstitution: *Pastor aeternus* vom 18. Juli 1870.

Von den Kapiteln der in Rede stehenden Konstitution: *Pastor aeternus* vom 18. Juli 1870 kommt hier vor Allem das dritte und vierte in Betracht. Das dritte, welches das Verhältniss des Primates zum Episkopate festsetzt, deshalb, weil man darin (s. z. B. v. Schulte, Denkschrift über das Verhältniss des Staates zu den Sätzen der päpstlichen Konstitution am 18. Juli 1870. S. 50. ff.) eine totale Veränderung der bisherigen Stellung der Bischöfe gefunden hat. Das betreffende Kapitel bestimmt in seinem hier in Frage stehenden Theil:

„... Daher lehren und erklären Wir, dafs die römische Kirche nach Anordnung des Herrn den Vorrang der ordentlichen Gewalt besitzt, *(ordinariae potestatis principatum obtinere)* und dafs diese Gewalt des päpstlichen Regierungsrechtes, welche eine wahrhaft bischöfliche ist, eine unmittelbare ist *(hanc Romani pontificis iurisdictionis potestatem quae vere episcopalis est, immediatam esse)*, gegenüber welcher die Hirten und Gläubigen jeglichen Ritus und Ranges, jeder Einzelne sowohl für sich, wie auch alle zusammen, zur Pflicht der hierarchischen Unterordnung und zum wahren Gehorsam verpflichtet sind, nicht blos in denjenigen Dingen, welche zum Gebiete des Glaubens und der Sitten, sondern auch in denjenigen, welche zur Disciplin und zur Regierung der über den ganzen Erdkreis zerstreuten Kirche gehören, so dafs durch die Bewahrung der Einheit sowohl der Gemeinschaft als des Glaubensbekenntnisses mit dem römischen Papste die Kirche Christi als eine Heerde unter dem einen obersten Hirten besteht. Das ist die Lehre der katholischen Wahrheit, von welcher Niemand, welcher seinen Glauben und sein Heil wahren will, abweichen kann."

„Aber weit entfernt, dafs diese Gewalt des obersten Priesters jener ordentlichen und unmittelbaren Gewalt des bischöflichen Leitungsrechtes, mit welcher die vom heiligen Geiste eingesetzten und in die Stelle der Apostel succedirten Bischöfe (conf. Trid. Sess. XXIII. c. 4) als wahre Hirten einzeln die ihnen zugewiesenen einzelnen Heerden weiden und leiten, entgegensteht *(tantum autem abest, ut haec summi pontificis potestas officiat ordi-*

nariae ac immediatae illi episcopalis iurisdictionis potestati, qua episcopi qui positi a spiritu sancto in apostolorum locum successerunt, tanquam veri pastores assignatos sibi greges singuli singulos pascunt et regunt), wird dieselbe vielmehr von dem obersten und allgemeinen Hirten behauptet, bestärkt und beschützt, indem der heilige Gregor der Große sagt: „„Meine Ehre ist die der ganzen Kirche. Meine Ehre ist meiner Brüder volle Kraft. Dann bin ich wahrhaft geehrt, wenn jedem Einzelnen die ihm gebührende Ehre nicht verweigert wird.““

„Ferner folgt aus dieser obersten Gewalt des römischen Papstes zur Leitung der gesammten Kirche, daſs ihm das Recht zusteht, in der Ausübung dieses seines Amtes mit den Hirten und Heerden der ganzen Kirche frei zu verkehren, damit dieselben von ihm auf dem Wege des Heils gelehrt und geleitet werden können.“ (Nach der demnächst folgenden, bereits oben S. 23 mitgetheilten Stelle heiſst es weiter:)

„Und weil nach dem göttlichen Recht des apostolischen Primates der römische Papst der ganzen Kirche vorsteht, so lehren wir auch und erklären, daſs derselbe der oberste Richter der Gläubigen ist (Breve Pius' VII.: *Super soliditate* vom 28. November 1786), und daſs in allen der kirchlichen Prüfung unterliegenden Angelegenheiten an sein Urtheil rekurrirt (zweites ökumenisches Koncil von Lyon), daſs aber ein Urtheilsspruch des apostolischen Stuhls, über dessen Autorität es keine höhere giebt, von Niemandem beseitigt werden kann, und daſs es Niemandem erlaubt ist, über ein Urtheil desselben zu urtheilen (Brief des Papstes Nikolaus I. an den Kaiser Michael). Deshalb weichen diejenigen vom rechten Pfade der Wahrheit ab, welche behaupten, daſs es gestattet sei, von den Urtheilssprüchen der römischen Päpste an ein allgemeines Koncil als eine über dem römischen Papst stehende Autorität zu appelliren.“

„Wenn daher Jemand sagt, daſs der römische Papst nur das Amt der Beaufsichtigung und Leitung der gesammten Kirche, nicht aber die volle und höchste Regierungsgewalt über dieselbe — und zwar nicht blos in den Sachen, welche den Glauben und die Sitten, sondern auch die Disciplin und die Regierung der über den ganzen Erdkreis ausgebreiteten Kirche betreffen — oder wenn Jemand behauptet, der römische Papst besitze nur die vornehmsten Theile, nicht aber die ganze Fülle dieser höchsten Gewalt, oder wenn Jemand sagt, jene seine Gewalt sei keine ordentliche und unmittelbare über alle und über jede einzelne Kirche oder über alle Hirten und Gläubigen und jeden einzelnen, der sei von allen Rechten und Segnungen der Kirche ausgeschlossen."

Schulte hat in seiner zuletzt citirten Schrift S. 55 den Sinn dieses Kapitels dahin formulirt, daſs der römische Papst der einzige Bischof in der Kirche ist, und daſs derselbe alle und jede Gewalt, welche es in der Kirche giebt, über jeden Ort, jeden Bischof, jede Kirche und jeden Katholiken besitze, sowie ferner aus dem Wortlaut gefolgert, der Papst könne jeden Akt für jede Diöcese, jeden Bischof, jeden Priester, jeden Kleriker, jeden Gläubigen in jeden und allen kirchlichen Dingen vornehmen, er könne also, wenn er wolle, jede Kaplanei, Pfarrei, Domherrnpräbende selbst verleihen, jeden selbst ordiniren, jedes Urtheil selbst fällen, jeden Gottesdienst selbst halten, jeden dazu delegiren, dem Bischof alle Jurisdiction nehmen, ihn *ad libitum* suspendiren, über die Verwaltung des Kirchenvermögens bestimmen, was er wolle, also z. B. die Revenüen zur gröſseren Ehre Gottes nach Rom einsenden lassen, den Bischöfen Jahrespensionen auferlegen, säkularisiren, neue Ehehindernisse machen, von allen positiven Gesetzen dispensiren, kurz er sei in der Kirche allmächtig. Es gäbe daher keine „vom h. Geiste zur Regierung der Kirche gesetzte Bischöfe mehr, die Bischöfe seien jetzt dogmatisch nur Mandatare, Vikare, bloſse Provisoren, Gehülfen des Papstes."

Im Groſsen und Ganzen ist das richtig, wie wohl mir der Verfasser in Einzelheiten zu weit zu gehen scheint.

Praktisch hatte der Episkopalismus schon vor dem 18. Juli 1870 keine Bedeutung mehr in der katholischen Kirche der Neuzeit. Die allmächtige Stellung, welche nach Schulte dem Papst erst durch die Konstitution: *Pastor aeternus* beigelegt sein soll, hat er jedenfalls faktisch schon früher besessen. Ferner hat der Papst, weil eben das Episkopalsystem unter den Bischöfen der Neuzeit so gut wie keine und in der heutigen kanonistischen Doktrin nur sehr wenige Anhänger zählt, unbestritten, eine Reihe von Rechten ausgeübt, welche Schulte als Konsequenzen des dritten Kapitels der eben erwähnten Konstitution hinstellt. Daſs der Papst der s. g. *judex singulorum* für die ganze katholische Kirche ist, d. h., daſs er eine konkurrirende Gewalt und zwar als s. g. ordentliche, also ihm Kraft seines Amtes zukommende besitzt, ist ein Satz, welcher sich bereits seit dem Mittelalter festgestellt hat, und der noch heute bis auf einzelne durch das Tridentinum festgestellte Ausnahmen (z. B. der Nothwendigkeit der Verhandlung der kirchlichen Rechtssachen in erster Instanz vor den Ordinarien, also für die Regel vor den Bischöfen) unbestrittene Geltung gehabt hat. Ist doch z. B. längst vor dem vatikanischen Koncil das Recht des Papstes, beliebig ohne Rücksicht auf die Kompetenzvorschriften Kleriker zu weihen, ferner das Recht, Legaten abzusenden um dadurch seine mit den Bischöfen konkurrirende Regierungs- und Leitungsgewalt auszuüben, nicht bestritten gewesen. Ebenso war das oberste Gesetzgebungsrecht des Papstes auch schon früher anerkannt, und als Ausfluſs desselben die Befugniſs, alle positiv rechtlichen Vorschriften früherer Päpste und Koncilien für den einzelnen Fall oder für immer aufzuheben, womit ihm schon eine ähnliche Macht gegeben war, wie sie Schulte ihm erst auf Grund des Kap. 3. der Konstitution: *Pater aeternus* beilegt.

Allerdings sind diese Rechte vom Standpunkt der alten katholischen Kirche nichts als Usurpationen, und ebensowenig gesteht die episkopalistische Theorie dem Papst jene Befugnisse zu. Indessen kommt es hier, wo es sich um die Aenderung der bisherigen Stellung des Papstes zu den Bischöfen und um die Bedeutung derselben gegenüber den einzelnen Staatsregierungen handelt, nur auf den praktisch vor dem Koncil in Geltung gewesenen Zustand an. Sagt doch Schulte selbst in Betreff des von ihm aus dem *Pontificale Romanum* übersetzten, längst üblichen Bischofseides, welchen auch die deutschen Bischöfe geleistet haben und leisten müssen (s. die citirte Schrift S. 45.): „Ein Eid, worin der Bischof sechsmal den Papst seinen Herrn nennt, sich eidlich verpflichtet, für die finanziellen und alle Rechte des Papstes, des Kirchenstaates einzutreten, worin er sich verpflichtet, nichts zu thun, was je mit diesem in Konflikt kommen kann, worin er sich eidlich bindet (ohne jede Einschränkung, folglich auch trotz der von dem Koncil zu Trient verfügten Aufhebung) die päpstlichen Reservate, Provisionen, Mandate gehorsam auszuführen, worin er gar schwören muſs, den Papst nicht zu injuriiren, zu verletzen u. s. w.; ein Eid, wodurch der Bischof nur Pflichten gegen den Papst übernimmt, seine Amtsführung als Objekt der Rechnungslegung an den Papst erscheint, worin mit keinem Worte der Bischof als selbsständiger Hirt erscheint, „„der vom heil. Geiste gesetzt ist, die Kirche Gottes zu leiten,"" und deshalb seine Pflichten den Gläubigen gegenüber gelobt; ein Eid, in dem nichts vorkommt vom bischöflichen Amte, sondern immer und immer nur von Pflichten gegen den Papst, worin nur des Papstes Person, Staat, Hoheitsrechte, Pläne, Erlasse aller Art, Audienzbesuche, Veräusserungen ohne päpstlichen Konsens u. dgl. figuriren, — ein solcher Eid ist ein reiner geistlicher Vasalleneid. Wer ihn schwört, hat sich zum päpstlichen Diöcesan- oder Titular-Diöcesan-Vikar gemacht, der einfach zu gehorchen hat."

Das stimmt vollkommen mit dem überein, was ich über die geltende Disciplin bis zu den Beschlüssen des vatikanischen Koncils bemerkt habe, und dazu kommt, dafs das betreffende Kapitel der in Rede stehenden Konstitution ausdrücklich die bischöfliche Jurisdiktion der Bischöfe als der vom heiligen Geist eingesetzten Nachfolger der Apostel neben der unmittelbaren allgemeinen Leitungsbefugnifs des Papstes gewahrt wissen will. Als ein festes Amt gilt demnach das Bischofsamt immer noch, selbst nach dem vatikanischen Koncil, und ich halte es daher für nicht richtig, wenn Schulte die Bischöfe auf Grund desselben dogmatisch und mithin auch rechtlich für blosse Mandatare und Vikare des Papstes erklärt, denn, da der Charakter der bischöflichen Stellung als eines festen kirchlichen Amtes nicht im Mindesten alterirt worden ist, so kann von einer beliebigen Absetzung oder Suspension der Bischöfe durch den Papst selbst heute nicht die Rede sein.

Wenn somit auch Schulte die Tragweite der vatikanischen Konstitution übertreibt — und um mich nicht meinerseits sehr bequemen Angriffen von ultramontaner Seite in dieser Hinsicht auszusetzen, mufste das konstatirt werden, — so haben doch die gedachten Vorschriften der Konstitution immerhin das bisherige Verhältniss für die einzelnen Staaten in sehr bedenklicher Weise geändert. Dogmatisch haben sie das Episkopal-System feierlich verdammt, und der Glaube an das krasseste Papalsystem ist nach der neueren Lehre absolut nothwendig zum Seelenheil jedes einzelnen Katholiken. Neben dem Rechte des Papstes, in allen Angelegenheiten in alle Diöcesen konkurrirend einzugreifen, ist damit die Regierungsgewalt der Bischöfe faktisch so gut wie bedeutungslos geworden, denn wenn der Papst die letzteren auch nicht beliebig zu suspendiren und zu entsetzen befugt ist, so kann er ihre Thätigkeit doch kraft seiner konkurrirenden Gewalt in jedem Falle, wo es ihm beliebt, ausschliessen. Und das nicht mehr blos auf Grund einer positiven Rechtsgestaltung, sondern kraft göttlichen Rechtes, auf welches der Papst nicht einmal mehr verzichten kann und darf. Hierbei handelt es sich nicht allein um das Verhältnifs zwischen dem Papst und den Bischöfen, sondern die Konstitution hat auch damit zugleich die Regierungen in eine gegen früher wesentlich ungünstigere Position gebracht. Alle Kautelen, welche dieselben gegen eine dem Interesse des Staates und der anderen rechtlich anerkannten Konfessionen widerstreitende bischöfliche Amtsführung besessen und angewendet haben, sind damit vollkommen nutzlos geworden, ja, es ist jetzt auch unmöglich, irgend welche neue Sicherungsmittel für sie zu schaffen. Mag die einzelne Regierung darauf halten, dafs nur Inländer zu Bischöfen für die innerhalb des Staates belegenen Diöcesen ernannt werden, mag sie vermittelst ihres Nominationsrechtes oder ihres Rechtes, s. g. *personae minus gratae* von der den Kapiteln zustehenden Wahl auszuschliessen, nur solche Personen, welche nicht in aggressiver und rücksichtsloser Weise ultramontane Bestrebungen verfolgen, zu den Bischofsstühlen befördern, mag sie von den Bischöfen, wie das z. B. in sämmtlichen preussischen Landestheilen und in Baiern der Fall ist, einen Treu- oder Huldigungs-Eid gegenüber dem Landesherrn fordern, und ähnliches mehr, Alles ist unnütz, wenn ein dritter, über welchen die Regierung nicht die geringste Macht besitzt, jede Funktion des einzelnen Bischofs vornehmen kann. Denn dafür, dafs die bisherige Praxis, wonach der Papst seine konkurrirende Gewalt direkt nicht auszuüben pflegte, inne gehalten wird, bürgt nichts, und erachtet man es in Rom an der Zeit, in der einen oder andern Frage gegen den Staat vorzugehen, so wird man, da wo der Bischof etwa durch die eine oder andere jener Kautelen gebunden ist, dies direkt von Rom aus auf Grund der dem Papste beigelegten Befugnisse thun.

Etwaige Verhandlungen mit dem letzteren und etwaige Zusicherungen hinsichtlich einer beschränkten Ausübung jener unmittelbaren Jurisdiktion über die einzelnen Diöcesen können die Regierungen ebenfalls nicht im Mindesten gegen jene Gefahren sicher stellen. Ganz abgesehen davon, dafs man sich in Rom, nachdem man mit vieler Mühe jenes werthvolle Palladium vom Koncil erhalten hat, schwerlich sofort zu einer Abschwächung der neuerlangten Macht verstehen wird, bleiben selbst etwaige Koncessionen doch deshalb werthlos, weil der Papst sie nur als einen faktischen *modus vivendi* betrachten kann, und diesen, wenn es nach seiner Meinung das Wohl der Kirche gebietet, stets widerrufen wird. Denn da er vermöge göttlichen Rechtes zur absoluten Herrschaft über die ganze katholische Kirche berufen ist, so kann er rechtlich auf diese gar nicht verzichten und selbst wenn er es thäte, würde ein solcher Verzicht vom Standpunkt des kanonischen Rechtes, von welchem man in Rom aus allein die Sache beurtheilt, nichtig sein.

Daſs endlich das Placet keine ausreichende Garantie der Kurie gegenüber bietet, liegt auf der Hand. Einmal genügt für die rechtliche Verbindlichkeit jeder päpstlichen Anordnung nach kurialer Theorie die Veröffentlichung in Rom durch Anschlag an bestimmten Stellen (d. s. g. *promulgatio in acie campi Florae)*, und man wird diese seitens der Kurie auch für die deutschen Diöcesen um so mehr ausreichend erachten, als das besprochene dritte Kapitel der vatikanischen Konstitution das Placet ausdrücklich verdammt (s. oben S. 23). Ebensowenig können die Regierungen, in deren Ländern dasselbe noch zu Recht zu besteht, darauf rechnen, daſs die Bischöfe, welche sich den Beschlüssen des vatikanischen Koncils unterworfen haben, sich dem bestehenden staatlichen Recht fügen werden, wie dies ja die bairische Regierung schon hat erfahren müssen. Daſs das auch für die Folgezeit nicht anders sein wird, ist ebenfalls mit Sicherheit zu erwarten, da die Kurie es niemals dulden wird, daſs andere, als getreue Anhänger der durch das Vatikanum sanktionirten Theorien zu den deutschen Bischofsitzen gelangen.

Als Resultat ergiebt sich also, daſs durch das dritte Kapitel der Konstitution: *Pastor aeternus* alle Rechte, welche den Staatsregierungen einen Einfluſs auf die Besetzung der bischöflichen Stühle und die Leitung der Diöcesen durch die Bischöfe gewähren, illusorisch gemacht worden sind, und daſs es für die Zukunft kein Mittel für die ersteren giebt, diesen Einfluſs als einen rechtlich garantirten wieder zu gewinnen.

B. Das vierte Kapitel der Konstitution: Pastor aeternus vom 18. Juli 1870.

Das viel berufene vierte und Schluſs-Kapitel der vatikanischen Konstitution lautet in seiner entscheidenden Stelle:

„In treuem Anschluſs an die von Beginn des christlichen Glaubens stammende Ueberlieferung, zum Ruhme Gottes unseres

Erlösers, zur Erhöhung der katholischen Religion und zum Heile der christlichen Völker, lehren wir unter Zustimmung des heiligen Koncils und erklären es für einen göttlich geoffenbarten Glaubenssatz, daſs der römische Papst, wenn er *ex cathedra* spricht, d. h. wenn er in Ausübung seines Amtes als Hirt und Lehrer aller Christen gemäſs seiner höchsten apostolischen Machtvollkommenheit eine von der ganzen Kirche anzuerkennende Lehre über Glauben und Sitten festsetzt, durch den ihm im h. Petrus verheiſsenen göttlichen Beistand mit jener Unfehlbarkeit begabt ist, mit welcher der göttliche Erlöser seine Kirche bei der Feststellung der Lehre über Glauben oder Sitten ausgestattet wissen wollte, daſs daher derartige Aussprüche des römischen Papstes aus sich selbst, nicht aber wegen der Zustimmung der Kirche unabänderlich sind“ (*„docemus et divinitus revelatum dogma esse definimus: Romanum Pontificem, cum ex cathedra loquitur, i. e., cum omnium Christianorum Pastoris et Doctoris numere fungens, pro suprema sua apostolica auctoritate doctrinam de fide vel moribus ab universa ecclesia tenendam definit, per assistentiam divinam ipsi in beato Petro promissam, ea infallibilitate pollere, qua divinus Redemptor ecclesiam suam in definienda doctrina de fide vel moribus instructam esse voluit, ideoque eiusmodi Romani Pontificis definitiones ex sese, non autem ex consensu ecclesiae irreformabiles esse“*).

„So aber Jemand (was Gott verhüte) sich unterfängt, dieser unserer Festsetzung zu widersprechen, der sei von allen Rechten und Segnungen der Kirche ausgeschlossen.“

An und für sich entscheidet das erwähnte Kapitel nur eine Kontroverse, welche der Dogmatik angehört, nichts destoweniger handelt es sich hier keineswegs blos um eine das rein innere Gebiet des Glaubens ausschlieſslich berührende Lehre, wie dies z. B. mit dem von Pius IX. definirten Dogma von der unbefleckten Empfängniſs der Jungfrau Maria der Fall gewesen ist.

Nach unbestrittener katholischer Lehre hat die Kirche nur die Befugniſs, den ihr überlieferten Schatz der Offenbarung vor Irrlehren zu behüten und klarer auszulegen, nicht aber die Macht, neue Glaubenssätze zu schaffen. Gleichviel, ob der Papst und das Koncil bei der Festsetzung des Dogmas von der Unfehlbarkeit sich, wie von neukatholischer Seite behauptet wird, an diese Schranken gehalten oder, wie die sog. Protestkatholiken annehmen, gegen diese Regeln verstoſsen haben, so steht doch so viel unumstöſslich fest, daſs die Päpste nicht erst vom 18. Juli 1870, dem Tage der feierlichen Annahme der Koncilsbeschlüsse, für die Zukunft unfehlbar geworden sein können, vielmehr bleibt nur die Alternative möglich: Entweder sind sämmtliche Päpste vom ersten bis auf Pius IX. mit der Unfehlbrrkeit begnadigt gewesen, und genieſsen dieses, sie in die Sphäre der Gottheit erhebenden Privilegs bis an das Ende der Welt; Oder: alle früheren Päpste haben das allgemeine menschliche Loos des Irrens getheilt, und Pius IX., sowie alle seine Nachfolger sind künftighin ebenfalls dem Irrthum unterworfen.

Für die neukatholische Kirche, welche die vatikanischen Beschlüsse als gültig ansieht, und deren Stellung zum Staat hier in Rede steht, bleibt nur die erste der beiden Möglichkeiten offen. Das heiſst soviel: Alle von Pius IX. vor dem 18. Juli 1870 und alle von seinen Vorgängern gegebenen Verordnungen sind vom Standpunkt der katholischen Kirche aus nicht blos die Gläubigen verpflichtende Gesetze, sondern sie sind auch unfehlbare und unabänderliche Anordnungen, sofern sie das Merkmal an sich tragen, daſs sie *ex cathedra* erlassen sind.

Giebt es solche päpstliche Konstitutionen, welche sich mit der in den deutschen Staaten bestehenden Rechtsordnung in Widerspruch setzen, so ist durch jenen Koncilsbeschluſs auch die Stellung der neukatholischen Kirche zu denselben wesentlich alterirt.

Für die Staatsunterthanen, welche Katholiken sind, waren jene Verordnungen früher nur als einfache gesetzliche Erlasse der Päpste bindend, denen sie zwar vom Standpunkt des kanonischen Rechtes Gehorsam schuldeten, welche sie aber nicht als göttlich offenbarte Befehle anzusehen hatten. Jetzt sind aber die Katholiken verpflichtet, auch das Letztere zu thun, und deshalb stellt sich die Nichtbeachtung der dem staatlichen Recht widersprechenden Konstitutionen für sie nicht nur als bloſser Akt des Ungehorsams gegen die Gesetze ihrer geistlichen Obrigkeit, sondern vielmehr als eine Uebertretung von Geboten dar, welche unter direktem göttlichem Beistande gegeben sind. Damit sind die Konflikte zwischen Kirche und Staat zu Ungunsten des letzteren verschärft, weil der gläubige Katholik da, wo es sich um Verletzung derartiger, nach der Lehre seiner Kirche göttlich geoffenbarter Vorschriften handelt, mehr Anstand nehmen wird, sich den Anforderungen der staatlichen Gesetzgebung zu fügen, als da, wo blos einfache päpstliche Anordnungen in Betracht kommen, und das um so mehr, als unter solchen Umständen die im Beichtstuhl, von den Jesuiten u. s. w. behufs Aufreizung der gläubigen Bevölkerung gegen den Staat zu betreibenden Agitationen mit viel gröſserem Erfolg als früher unternommen werden können.

Der Kurie gegenüber ist die Sachlage für den Staat gleichfalls geändert. Denn die oberste Leitung der katholischen Kirche muſs naturgemäſs diejenigen Normen, welche sie als unter göttlichem Beistand diktirt betrachtet, mit viel gröſserer Energie zur Geltung zu bringen, d. h. die entgegenstehenden staatlichen Bestimmungen zu beseitigen oder durch Nichtbeachtung zu verletzen suchen, als solche Vorschriften, welche sich blos als positive Gesetze einzelner Päpste darstellen.

In der That giebt es solche päpstliche Aussprüche, welche den Charakter der Unfehlbarkeit an sich tragen, und welche sich mit dem Staatskirchenrecht aller deutschen Länder im schreiendsten Widerspruch befinden.

Schulte hat in einem anderen interessanten Buch, Die Macht der römischen Päpste über Fürsten, Länder, Völker, Individuen u. s. w. 2. Aufl. Prag 1871, eine ganze Anzahl päpstlicher derartiger Konstitutionen zusammen gestellt und aus denselben (S. 88 ff. a. a. O.) folgende Summe gezogen:

„Es ist bewiesen worden, daſs die Päpste nach ihrer Lehre über die Welt: die Länder, Völker, Meere, die Reiche aller Art, die Kaiser, Könige und alle Herrschaften die volle und unumschränkte Gewalt besitzen und in allen erdenklichen Richtungen bethätigt haben; es ist insbesondere bewiesen worden, daſs die Päpste nach ihrer Lehre die weltlichen Machthaber absetzen, die Völker vom Eide der Treue entbinden, Land und Leute verschenken, das Recht zur Occupation, zur Aneignung der Menschen als Sklaven geben können; es ist weiter bewiesen worden, daſs die Päpste nach ihrer Lehre berechtigt sind, jegliches nach ihrer Ansicht dem Interesse der Kirche abträgliche Staatsgesetz für nichtig zu erklären und von dessen Beobachtung zu entbinden; es ist ebenso bewiesen worden, daſs die Päpste nach ihrer Lehre befugt sind, nichtkatholische Fürsten abzusetzen, die Unterthanen-Eide zu lösen, die sich nicht daran haltenden Unterthanen in die Sklaverei zu bringen; es ist nicht minder bewiesen worden, dafs die Päpste über Leib und Leben, Gut und Freiheit der Ketzer, wie der von ihnen Gebannten nach Belieben verfügen können, es ist endlich bewiesen worden, dafs die Päpste nach ihrer Lehre befugt sind, den christlichen Monarchen zu befehlen, dafs sie die von ihnen gebannten Fürsten und Staaten mit Krieg überziehen, sie unterjochen, wobei sie ein Gott wohlgefälliges Werk verrichten und sich den Anspruch auf höhere Seligkeit erwerben.“

„Da nun von den Päpsten *ex cathedra* erklärt worden ist, dafs die Päpste die Grenzen ihrer Gewalt nicht überschritten haben, da von solchen erklärt wurde, dafs sie in ihren Kanones und Konstitutionen niemals geirrt haben, ihre Konstitutionen gleichsam auf göttlicher Inspiration ruhen — da niemals ein Ausspruch erfolgt ist, der unzweifelhaft irgend eine Seite des individuellen oder socialen Lebens von der Gewalt der Päpste ausnimmt — da in den päpstlichen Konstitutionen und Acten alle Arten des staatlichen und privaten Rechts enthalten sind· Verfügungen über Thron, Land, Leute, Gesetze, Verträge der Fürsten, Eigenthum, Freiheit, Leben der Unterthanen, Alles, sowohl bezüglich katholischer als nichtkatholisch-christlicher und nichtchristlicher, Ehre, Testamente, Erbrecht, öffentliche und private Sicherheit, Ermächtigung zum Nehmen fremden Eigenthums, zu Beleidigungen und Verletzungen u. s. w. u. s. w.; so folgt mit Nothwendigkeit, dafs es nur in der Hand des Papstes steht, ob er irgend Etwas thun will oder nicht. Somit haben die Päpste in Wort und That ihre eigenen Aussprüche, dafs sie Stellvertreter des allmächtigen Gottes sind, gerechtfertigt. Die Schranke der päpstlichen Allmacht auf Erden besteht mithin lediglich in ihrem eigenen Willen.“

„Da unzweifelhaft gerade die wichtigsten principiellen Erklärungen einen dogmatischen Charakter tragen, da der Papst, wenn er einen dogmatischen Satz ausspricht, unfehlbar und seine Aussprüche unabänderlich sind, so folgt, dafs die Päpste noch heute und in Zukunft ganz dieselbe Gewalt haben, welche sie jemals hatten und zu handhaben sich für berechtigt hielten.“

Dafs die Päpste jene angeführten Handlungen vorgenommen und die erwähnten Gesetze erlassen haben, läfst sich nicht bestreiten, und so hat denn die neukatholische Partei die ihr höchst unliebsame Schrift des früher energisch für die kurialen Tendenzen eingetretenen Verfassers mit der Ausführung zu diskreditiren gesucht (s. z. B. die Kritik von Hergenröther, des Autors des „Anti-Janus“, in Moy's Archiv für kath. Kirchenrecht. Bd. 25. S. CXVII.), daſs die meisten der von Schulte angeführten Konstitutionen oder wenigstens die aus denselben herausgehobenen Stellen nicht die Qualität als Feststellungen *ex cathedra* trügen, und ihnen somit die Unfehlbarkeit nicht zukomme.

Für den vorliegenden Zweck braucht des Näheren auf diesen Streit nicht eingegangen zu werden. Denn daſs jene mittelalterlichen hierarchischen und aggressiven Tendenzen, als deren Endziel die Herabdrückung des Staates zum gehorsamen Diener der katholischen Kirche und die Aufrichtung einer katholischen, alle Andersgläubigen beseitigenden Theokratie erscheint, auch noch heute die Kurie beherrschen, ergiebt eine Konstitution Pius IX., welcher der Charakter als eines Erlasses *ex cathedra*, und damit der Unfehlbarkeit nicht abgesprochen werden kann — ich meine die Konstitution: *Quanta cura* vom 8. December 1864, mit welcher der bekannte Syllabus publicirt worden ist. In der Bulle, welche an alle Patriarchen, Primaten, Erzbischöfe und Bischöfe der katholischen Kirche, sofern sie mit dem apostolischen Stuhle in Gemeinschaft stehen, gerichtet ist, erklärt der Papst: „Inmitten einer so groſsen Verkehrtheit verderbter Meinungen, eingedenk Unserer apostolischen Pflicht und überaus besorgt um unsere heilige Religion, die gesunde Lehre, das Heil der uns von Gott anvertrauten Seelen und das Wohl der menschlichen Gesellschaft selber, haben wir geglaubt aufs Neue unsere apostolische Stimme erheben zu müssen. Darum verwerfen, ächten und verdammen Wir mit Unserer apostolischen Autorität alle schlechten Meinungen und Lehren und jede einzelne, welche in diesem Schreiben erwähnt sind, und wollen und befehlen, daſs sie von allen Kindern der katholischen Kirche als verworfen, geächtet und verdammt angesehen werden sollen.“

Vorläufig einmal dahin gestellt, ob die Bulle sich auf das Gebiet des Glaubens und der Sitten bezieht, trägt sie jedenfalls sonst alle Merkmale einer unfehlbaren Entscheidung des Papstes nach der Konstitution: *Pastor aeternus* an sich, denn diese verlangt, daſs der Papst etwas feststellt: 1) als Hirt und Lehrer aller Völker, 2) kraft seiner apostolischen Autorität und 3) mit bindender Kraft für die ganze Kirche. In dem ersten Theile der citirten Stelle beruft sich Pius IX. auf seine apostolische

Pflicht, welche nach dem Zusammenhang nur die seines päpstlichen Hirtenamtes sein kann. Dem zweiten Requisit ist gleichfalls durch die ausdrückliche Hervorhebung der apostolischen Autorität in dem zweiten Satze genügt. Das dritte endlich liegt auch vor, da der Papst befiehlt, dafs die von ihm verworfenen Meinungen von allen Katholiken als verdammt betrachtet werden sollen, und die Bulle sich an alle katholische Bischöfe, also an sämmtliche kirchlichen Lokal-Oberen der ganzen Welt, richtet.

Der Syllabus ist zwar in dieser Bulle nicht ausdrücklich erwähnt, er ist aber gleichzeitig mit derselben und zwar nach einem Schreiben des Kardinals Antonelli vom 8. December 1864 an sämmtliche Bischöfe, auf Befehl des Papstes erlassen, er giebt ferner eine nähere Erläuterung zu den in der Bulle selbst besprochenen und als verderblich bezeichneten Meinungen, und kann somit nur als eine zu derselben gehörige, integrirende Exemplifikation angesehen werden, welcher der gleiche Charakter, wie der Bulle selbst, zukommt.

Somit bleibt nur noch die Frage zu erledigen, ob die in der Konstitution: *Quanta cura* und in dem Syllabus getroffenen Entscheidungen dem Gebiete des Glaubens und der Sitten angehören. Läfst sich das darthun, so ist damit erwiesen, dafs die in jenen Urkunden ausgesprochenen Sätze als unfehlbare Festsetzungen zu gelten haben.

Die Konstitution reprobirt u. A.:

I. die Meinung, dafs die „Freiheit des Gewissens und der Kultur das Recht eines jeden Menschen sei, ein Recht, welches durch das Gesetz in jedem wohl verfafsten Staate verkündigt und geschützt werden müsse," und

II. dafs „für die Bürger ein Recht bestehe mit einer gänzlichen Freiheit, welche weder die geistliche noch die bürgerliche Autorität beschränken könne, ihre Ueberzeugungen, welche sie auch seien, durch Worte oder durch die Presse oder durch andere Mittel kund zu geben und zu erklären"; näher präcisirt sind jene irrigen Anschauungen im Syllabus dahin:

„77. In unserer Zeit ist es nicht mehr nützlich, dafs die katholische Religion als einzige Staatsreligion unter Ausschlufs aller anderen Kulte festgehalten werde."

„78. Es ist daher in lobenswerther Weise in gewissen katholischen Ländern gesetzlich verordnet, dafs den Einwanderern die öffentliche Ausübung ihres Kultus, welcher er auch sei, gestattet sein solle."

„79. Denn es ist falsch, daſs die staatliche Freiheit der Kulte und die Allen garantirte volle Freiheit, alle Meinungen und Ansichten öffentlich kund zu geben, zu leicht zur Verderbniſs der Sitten und Gemüther und zur Verbreitung der Pest des Indifferentismus beitrage."

Sodann verwirft die Konstitution die Anschauung:

III. daſs „der durch die s. g. öffentliche Meinung oder auf andere Weise kundgegebene Wille des Volkes das höchste von allem göttlichen und menschlichen Recht unabhängige Gesetz bilde, und daſs die in der politischen Ordnung vollzogenen Thatsachen dadurch, daſs sie vollzogen sind, zu Recht bestehen," wozu, soweit diese Verwerfung das Gebiet des Staates betrifft, der Satz des Syllabus gehört:

„56. Die Sittengesetze bedürfen der göttlichen Sanktion nicht, und es ist gar nicht nothwendig, daſs die menschlichen Gesetze mit dem natürlichen (d. h. nach kanonistischem Sprachgebrauch mit dem göttlichen) Rechte in Uebereinstimmung gebracht werden oder ihre verpflichtende Kraft von Gott erhalten."

Weiter verurtheilt die Konstitution:

IV. die Lehre, „daſs die Gesetze der Kirche das Gewissen nicht binden, wenn sie nicht durch die weltliche Macht verkündigt sind" und daſs „die kirchliche Macht nicht nach göttlichem Rechte von der bürgerlichen Gewalt verschieden und unabhängig sei und eine Unterscheidung dieser Art nicht aufrecht erhalten werden könne, ohne daſs die Kirche die wesentlichen Rechte der bürgerlichen Gewalt beeinträchtige und usurpire," welche im Syllabus detaillirter in den Sätzen proscribirt wird:

„19. Die Kirche ist keine wahre und vollkommene, völlig freie Gesellschaft und besitzt nicht ihre eigenen und beständigen, von ihrem göttlichen Stifter ihr verliehenen Rechte, sondern es ist Sache der Staatsgewalt zu bestimmen, welches die Rechte der Kirche und welches die Schranken seien, innerhalb welcher sie diese Rechte ausüben könne."

„20. Die Kirchengewalt darf ihre Autorität nicht ohne Erlaubniſs und Zustimmung der Staatsgewalt ausüben."

„41. Die Staatsgewalt hat, auch wenn sie von einem ungläubigen Fürsten ausgeübt wird, ein indirektes, negatives Recht in religiösen Dingen, sie hat also nicht nur das s. g. Recht des Exequatur, sondern auch das Recht der s. g. *appellatio abusu.*"

„55. Könige und Fürsten sind nicht nur von der Jurisdiktion der Kirche ausgenommen, sondern stehen auch bei der Entscheidung von Jurisdiktionsfragen über der Kirche."*)

Unter den weiteren Meinungen, welche der Syllabus allein verwirft, will ich, weil sie das Verhältnifs von Staat und Kirche berühren, noch folgende hervorheben:

V. „23. Die römischen Päpste und die allgemeinen Koncilien haben die Grenzen ihrer Macht überschritten, Rechte der Fürsten usurpirt und auch in Festsetzung der Glaubens- und Sittenlehren geirrt."

VI. „24. Die Kirche hat nicht die Macht, Gewaltmittel anzuwenden, noch irgend eine direkte oder indirekte zeitliche Gewalt."

„42. Bei einem Widerspruche der Gesetze beider Gewalten geht das weltliche Recht vor."

VII. „31. Die geistliche Gerichtsbarkeit ist für die weltlichen Angelegenheiten der Kleriker sowohl in Civil-, wie Kriminalsachen durchaus abzuschaffen, auch ohne Befragen und gegen Einspruch des apostolischen Stuhles."

„32. Ohne alle Verletzung des natürlichen (d. h. göttlichen) Rechtes und der Billigkeit kann die persönliche Befreiung der Geistlichen von der Uebernahme und Ausübung des Militärdienstes abgeschafft werden, und diese Abschaffung verlangt der staatliche Fortschritt namentlich in freiheitlich konstituirten Staaten."

„43. Die weltliche Gewalt hat die Macht, feierliche Verträge (s. g. Konkordate), die über die Ausübung der zur kirchlichen Immunität gehörigen Rechte mit dem heiligen Stuhle geschlossen wurden, ohne dessen Einwilligung, ja sogar gegen seinen Widerspruch aufzuheben, für nichtig zu erklären und aufser Kraft zu setzen."

„52. Eine Regierung kann aus eigenem Rechte das von der Kirche vorgeschriebene Alter für die Ablegung der Ordensgelübde

*) Weiter gehören auch hierher die Sätze 28 und 49, welche das Placet und die Verhinderung des freien Verkehrs der Bischöfe und Gläubigen mit dem römischen Stuhle reprobiren. Sie wörtlich mitzutheilen, ist nicht nöthig, da die unzweifelhaft unfehlbare Konstitution: *Pastor aeternus* vom 18. Juli 1870 diese Verdammungen wiederholt hat, s. oben S. 23.

sowohl bei Männern, als Frauen abändern und allen Ordensgenossenschaften verbieten, ohne ihre Erlaubnifs Jemanden zur Ablegung der feierlichen Gelübde zuzulassen."

„53. Die Gesetze sind abzuschaffen, welche den Schutz der religiösen Orden, ihre Rechte und Verrichtungen betreffen; die staatliche Regierung kann sogar Allen Hülfe leisten, welche den gewählten Ordensstand verlassen und die feierlichen Gelübde brechen wollen."

„67. Nach dem Natur- (d. h. göttlichen) Rechte ist der Ehebund nicht unauflöslich und in verschiedenen Fällen kann die Ehescheidung im eigentlichen Sinne durch die weltliche Behörde festgesetzt werden."

„68. Die Kirche hat nicht die Gewalt, trennende Ehehindernisse aufzustellen, sondern diese Gewalt steht der weltlichen Macht zu, von welcher auch die bestehenden Hindernisse aufzuheben sind."

„71. Die tridentinische Form (der Eheschliessung) ist nicht bei Strafe der Ungültigkeit verbindlich, wo das staatliche Gesetz eine andere Form vorschreibt und will, dafs eine nach dieser neuen Form abgeschlossene Ehe gültig sei."

„73. Kraft eines blossen Civilvertrages kann unter Christen eine wahre Ehe bestehen."

„74. Ehesachen und Verlobungen gehören ihrer Natur nach vor das weltliche Gericht."

VIII. „18. Der Protestantismus ist nichts Anderes, als eine verschiedene Form derselben wahren christlichen Religion, in welcher es ebenso möglich ist, Gott zu gefallen, als in der katholischen Kirche."

Betreffen diese Festsetzungen den Glauben oder die Sitten? M. E. kann das erstere keinem Zweifel unterworfen sein. Dem Gebiete des Glaubens gehören alle diejenigen Sätze an, welche sich auf die Lehre von der christlichen Offenbarung im weitesten Umfange, also auch auf die Anstalt, welche zur Verbreitung der christlichen Wahrheit und zur Heiligung der Menschheit bestimmt ist, d. h. die Kirche und die nach dem katholischen Dogma göttlich eingesetzten Organe derselben, insbesondere also den Papst, beziehen. Die hervorgehobenen Stellen der Konstitution: *Quanta cura* und des Syllabus ziehen nun aber theilweise blos die Konsequenzen des zweifellos als Glaubenssatz zu charakterisirenden katholischen Dogmas, dafs es ausserhalb der katholischen Kirche kein Heil giebt, (s. die Zusammenstellungen unter I. II. VIII.), theilweise (s. die übrigen Nummern) betreffen sie die Befugniſs der Kirche, ihre Angelegenheiten selbst zu verwalten und gränzen die Rechte des Staates gegenüber der letzteren ab, beschäftigen sich also mit den der Kirche als solcher zustehenden Vollmachten und Rechten.

Allerdings haben die deutschen Bischöfe in einem Hirtenbriefe vom Monat Mai 1871 erklärt, daſs von sämmtlichen päpstlichen Bullen nur eine, die Bulle: *Unam sanctam* von Bonifacius VIII. (in das *Corpus iuris canonici* als c. 1 *in Extravagant. comm. de Maioritate et obedientia* I. 8 aufgenommen) einen dogmatischen Charakter an sich trage (s. Moy, Archiv für kath. Kirchenrecht Bd. 26. S. XXIII.), aber hierbei handelt es sich lediglich um eine beweislos hingestellte Behauptung, welche offenbar nur darauf berechnet ist, die Staatsregierungen zu beruhigen, denn sonst erscheint es entweder unbegreiflich oder als eine unverantwortliche Leichtfertigkeit, daſs derselbe Bischof von Regensburg, dessen Name unter diesem Schriftstück steht, am 22. September 1870 einen Hirtenbrief für seine eigene Diöcese erlassen hat, in welchem es heiſst: „Was immer der Statthalter Jesu Christi in Sachen der Glaubens- und Sittenlehre entschied, haben die Bischöfe, die Priester und die Gläubigen dieses unseres geliebten Bisthums stets aufrichtig und ohne Vorbehalt angenommen. Und, um nur das neueste Beispiel zu nennen, habet ihr nicht alle, euer Bischof voran, die Lehrentscheidungen folgsam angenommen, welche der heilige Vater in seinem Rundschreiben vom 8. December 1864 gab, indem er einige der viel verbreiteten neueren Irrthümer verwarf? Was anders aber zeigt dies, als daſs wir alle der Gewiſsheit lebten, daſs der Stellvertreter Jesu Christi in solchen Entscheiden nicht irren könne, sondern durch göttlichen Beistand vor Irrthum bewahrt bleibe?"

Bei solchen Proben von eilfertigen Widersprüchen wird man zweifellos die Autorität der Jesuiten, welche konsequent auf die Dogmatisirung der Unfehlbarkeit hingearbeitet, und diese hauptsächlich durchgesetzt haben, für gewichtiger halten müssen. Diese betrachten aber die Konstitution: *Quanta cura* nebst dem Syllabus als eine *ex cathedra* erlassene, mithin unfehlbare Lehrentscheidung. Die Auszüge, welche aus den seitens der Jesuiten von Maria Laach herausgegebenen Stimmen wörtlich im Rheinischen Merkur Nr. 14. v. 2. April 1871 S. 127 ff. mitgetheilt sind, lauten: „Der Papst hat die Encyklika (vom 8. December 1864) als Oberhaupt der Kirche, als Statthalter Christi an die Gesammtkirche erlassen, dieselbe verpflichtet daher die Mitglieder der Kirche zum Gehorsam. Der Syllabus aber nimmt an diesem öffentlichen Charakter Theil (Heft I. der „Stimmen aus Maria Laach“ S. 85). Diese apostolische Vorschrift hat der Papst nicht als geistliches Oberhaupt im Allgemeinen, sondern als allgemeiner unfehlbarer Lehrer der Kirche erlassen, daher mufs sie von den Katholiken mit derselben Unterwerfung angenommen werden, welche den unfehlbaren Aussprüchen der lehrenden Kirche überhaupt gebührt (a. a. O. Heft I. S. 88). Der Syllabus ist ein authentischer Auszug aus früher erlassenen Encykliken und Allokutionen sowie apostolischen Rundschreiben bei besonderen Anlässen. Daher ist er wenigstens mit demselben Ansehen vom Papste bekleidet, das jene Aktenstücke ansprechen. Nicht nur dies; was dort dem Gesagten mangeln konnte, um es als unfehlbaren Ausspruch der höchsten Lehrautorität erscheinen zu lassen, hat man allen Grund beim Syllabus als vorhanden anzunehmen.“

Man wird also zweifellos im Recht sein, die Konstitution: *Quanta cura* und den Syllabus als eine päpstliche Lehrdefinition *ex cathedra* zu betrachten, und jedenfalls wird der Staat einen solchen Standpunkt einnehmen dürfen, da diese Ansicht wenigstens theilweise in der katholischen Kirche und zwar von Faktoren, welche in derselben heute die mafsgebenden sind, vertreten wird.

Von diesem Standpunkt aber ergiebt sich, dafs gerade solche Einrichtungen, welche heute als fundamentale Sätze des Staatsrechtes aller deutschen Länder gelten, von allen gläubigen Neukatholiken kraft der vom Papste gegebenen unfehlbaren Lehrentscheidung als unter direktem göttlichen Beistand reprobirt betrachtet werden müssen.

Die oben S. 47 unter I. u. II. hervorgehobenen Stellen der Konstitution: *Quanta cura* und des Syllabus verurtheilen die in den Verfassungen der deutschen Länder (s. z. B. Preuss. Verf.-Urk. v. 1850 Art. 12. 27.; bairisches Religionsedict §. 1.; königl. sächs. Verf.-Urk. v. 4. September 1831 §. 32.; badische Verf.-Urk. v. 22. August 1818 §. 18.) anerkannte Gewissens-, Prefs- und Redefreiheit. Die Zusammenstellungen unter III., IV. und VII. verwerfen die von den modernen Staaten überall in Anspruch genommene Kirchenhoheit und das aus derselben herfliefsende Recht, die Stellung der Kirche gesetzlich zu regeln, sich gegenüber den Angriffen derselben sicher zu stellen und einen Mifsbrauch der geistlichen Gewalt zu hindern, insbesondere wird die Befugnifs des Staates geläugnet, von den geschlossenen Koncordaten zurückzutreten, seine Gesetzgebung in Ehesachen und in Angelegenheiten der religiösen Orden auszuüben, die Geistlichen der staatlichen Civil- und Kriminal-Gerichtsbarkeit zu unterwerfen, die Ehe- und Verlöbnifssachen den staatlichen Gerichten zu überweisen, und die Geistlichen zur Leistung der Militärpflicht heranzuziehen. Damit wird eine Reihe von Institutionen verurtheilt, welche in den deutschen Staaten — das lehrt der Blick in jedes das Partikularrecht berücksichtigende Kirchenrechts-Kompendium — sich in anerkannter Geltung befinden.

In Verbindung mit den erwähnten Verurtheilungen des Syllabus steht die weitere Verwerfung der Sätze, dafs die Kirche keine selbstständige gesetzgebende Gewalt für das von ihr sich selbst unabhängig vom Staate vindicirte Gebiet habe, dafs die Fürsten von der kirchlichen Jurisdiktion ausgenommen sind, die Päpste die Rechte der Fürsten nicht usurpirt haben, und dafs die Kirche keine Macht besitze, äussere Zwangsmittel anzuwenden (siehe die Zusammenstellung unter IV. 19. 55. V. VI.), eine Verdammung, welche nichts mehr und nichts weniger besagt, als dafs die katholische Kirche über dem Staat steht.

Das Bemerkte in Verbindung mit den aus der Konstitution: *Quanta cura* und dem Syllabus mitgetheilten Sätzen wird hinreichend genügen, um die Unvereinbarkeit der vatikanischen Beschlüsse mit den Staatsverfassungen der einzelnen Länder darzuthun. Des Näheren kann ich auf die Schrift von Berchtold, „die Unvereinbarkeit der neuen päpstlichen Glaubensdekrete mit der bairischen Staatsverfassung, München 1871“ verweisen, welche dies allerdings nur für Baiern ausführt, aber auch für die andern Staaten, in denen mindestens ein Theil derselben gesetzlichen Bestimmungen, wie in Baiern, mafsgebend ist, in vielen Stücken zutrifft.

Möglicher Weise wird man die Bedeutung des Syllabus mit dem Hinweis abzuschwächen suchen, dafs derselbe bereits seit mehr als

6 Jahren erlassen, und es sich hier nur um theoretische Postulate handelt, welche die katholische Kirche nicht in die Praxis umzusetzen wagen werde, und auch nicht die Macht habe.

Allein, wenn die Regierungen früher die Publikation des Syllabus ruhig ohne irgend welche Maſsregeln zu ergreifen hingenommen haben, so folgt daraus noch nicht, daſs sie jetzt, wo die neukatholische Kirche ohne eine ihr gegebene Veranlassung so aggressiv, wie seit langer Zeit nicht, gegen sie vorgegangen ist, und sich offenbar zu weiteren Angriffen auf die einzelnen Staaten rüstet, die Hände in den Schooſs legen.

Sodann ist es nicht richtig, daſs die Kurie und die ihr ergebene Partei in der katholischen Kirche nicht den Muth besitzt, den Kampf mit dem Staate aufzunehmen.

Der Papst hat die selbstverständlicherweise mit den Lehren des Syllabus nicht vereinbare österreichische Verfassung vom 21. December 1867 und die auf Grund derselben erlassenen Gesetze vom 25. Mai 1868 über die Ehe, die Schulen und das Verhältniſs der Religionsgesellschaften zu einander in der Allokution vom 22. Juni 1868 mit nachstehenden Worten verworfen:

„Ihr seht fürwahr, ehrwürdige Brüder, wie äusserst *(vehementer)* verwerflich und verdammbar jene abscheulichen von der österreichischen Regierung gegebenen Gesetze sind, welche der Lehre der katholischen Kirche und ihren verehrungswürdigen Rechten, ihrer Autorität, ihrer göttlichen Verfassung, Unserer und dieses apostolischen Stuhles Gewalt, unserer oben erwähnten Konstitution (d. h. dem Konkordat) und selbst dem göttlichen Recht auf das stärkste widersprechen. Daher erheben wir gemäſs der uns von Christus, dem Herrn, selbst über alle Kirchen anvertrauten Fürsorge in dieser zahlreichen Versammlung unsere apostolische Stimme, verwerfen und verdammen kraft unserer apostolischen Autorität die erwähnten Gesetze, und alles und jedes Einzelne, was in diesen oder in andern auf das Recht der Kirche bezüglichen Angelegenheiten von der österreichen Regierung oder von irgend welchen untergeordneten Behörden verfügt, verhandelt oder auf irgend welche Weise versucht ist, und erklären kraft derselben Autorität alle jene Verfügungen mit allen ihren Folgen für die Vergangenheit und Zukunft für nichtig und kraftlos. Die Urheber derselben aber welche sich Katholiken zu sein rühmen, und welche keinen Anstand genommen haben, die erwähnten Gesetze und Akte vorzuschlagen oder zu verfassen oder zu approbiren oder auszuführen, ermahnen und beschwören wir, daſs sie jener

Censuren und kirchlichen Strafen eingedenk sein mögen, welche die apostolischen Konstitutionen und die Festsetzungen der allgemeinen Koncilien gegen die Beeinträchtigung der Rechte der Kirche als von selbst eintretend verhängen."

Eine weitere Konsequenz jener Verdammung ist es sodann gewesen, daſs die römische Pönitenziarie, d. h. jene Kurialbehörde, welche die päpstlichen Rechte für das Gewissensgebiet auszuüben hat, den Eid der österreichischen Staatsbeamten auf die December-Verfassung, sofern demselben nicht eine die Rechte der Kirche (d. h. im Sinne des Syllabus) wahrende Klausel beigefügt würde, am 13. August 1869 für unerlaubt, mithin für nicht die Gewissen bindend erklärt hat (s. Moy Arch. für kath. Kirchenrecht Bd. 23. S. 447 ff.).

Daſs die bairischen Bischöfe sich durch Verkündigung der Konstitution: *Pastor aeternus* direkt gegen das in Baiern geltende Verfassungsrecht aufgelehnt haben, ist bereits mehrfach angeführt.

Ebenso haben auch einzelne preussische Bischöfe zuwider den zu Recht bestehenden Bestimmungen den Lehrern an Universitäten und Staatsschulen unter Umgehung des Kultusministers ihre Lehrbefugniſs entzogen.

Die angeführten Thatsachen zeigen zur Genüge, daſs es den kirchlichen amtlichen Organen wahrlich nicht an dem entsprechenden Willen und an dem nöthigen Muthe zur Realisirung der durch den Syllabus dargelegten hierarchischen Theorien und zur Verhöhnung der staatlichen Gesetze fehlt.

Wenn die Bischöfe nur da, wo es sie erforderlich und zweckmäſsig erachten, auf den Kampfplatz treten, und nicht unnützer Weise vorher ihre geheimen Absichten und Pläne verrathen, so läſst jedenfalls das Gebahren der ultramontanen Partei und die Tendenz ihrer Organe auch nicht den mindesten Zweifel darüber, daſs dieselbe es nicht im Entferntesten aufgegeben hat, die Sätze des Syllabus und die mittelalterliche Theorie von dem Verhältniſs der geistlichen zur weltlichen Gewalt, so viel wie möglich, zur praktischen Geltung zu bringen.

Das Benehmen der klerikalen Partei in dem ersten deutschen Reichstag ist noch frisch in Aller Gedächtniſs. War der Standpunkt, welchen sie bei der Adreſsdebatte eingenommen hat, etwas Anderes als ein praktischer Versuch, die unter Nr. 62. des Syllabus ausgesprochene Verwerfung des Satzes: „das s. g. Nichtinterventions-Princip ist zu verkündigen und zu befolgen," zur Geltung zu bringen, und hat man etwa aus einem andern Grunde einen die Freiheit und Selbstständigkeit der Kirche garantirenden Artikel in die neue deutsche Reichsverfassung hineinbringen wollen, als um damit die in Süddeutschland im Gegensatz zu Preussen bestehenden Beschränkungen der katholischen Kirche hinsichtlich des Placet, des Rekursus *ab abusu* u. s. w. zu beseitigen?

Noch deutlicher sprechen die ultramontanen Blätter. Die Germania hat vor einer Reihe von Wochen einen Artikel aus Baiern gebracht, welcher die Drohung enthielt, die Ultramontanen würden sich mit einer der deutschen Einheit gefährlichen Macht verbinden, wenn der Staat es mit ihnen verderben sollte, und es würde sich alsdann zeigen, ob die Prahlerei ihren Grund habe, daſs das deutsche Reich „fester als je“ sei. Im August belehrte der Einsender das Publikum, welches etwa Frankreich als den in Aussicht genommenen Alliirten der Klerikalen vermuthet haben sollte, daſs nicht dieses, sondern die rothe Republik gemeint sei.

Ja sogar hat ein ultramontanes hessisches Blatt, der Starkenburger-Bote, vor mehreren Wochen erklärt (siehe Protestantische Kirchenzeitung No. 30 vom 29. Juli 1871. S. 659): „An Europas Regierungen ist es jetzt, einen Entschluſs zu fassen. Zwei politische Wege stehen ihnen offen. Wählen sie jenen, der dem Papste seine Herrschaft wiedergiebt, so werden sie in den Katholiken die gehorsamsten Unterthanen finden, welche in allen Fragen rein politischer Natur leicht zufrieden zu stellen sind. Wenn sie aber im Gegentheil die Beraubung der Kirche, d. h. den italienischen Staat anerkennen wollen, dann haben sie einen Krieg auf Leben und Tod gegen die neugeschaffene Ordnung der Dinge zu gewärtigen, einen thätigen entschiedenen Krieg ohne Rast und Ruhe. Die Regierungen mögen es wissen, unsere Geduld war groſs, aber sie ist zu Ende. Wir Katholiken haben das Recht, die Freiheit unserer Kirche zu fordern, und die Regierungen haben die Pflicht, unsere Forderungen zu erfüllen. Wir zahlen ihnen das Geld in Blutsteuer, aber wir sind es satt, durch eitle Versprechungen immer wieder betrogen zu werden. Die einzige Versicherung, welche wir verlangen, ist die Rückkehr Viktor Emanuels und die vollständige Wiederherstellung des ganzen Kirchenstaates. Diese Garantie erbitten wir nicht schüchtern als eine Gnade, nein, wir fordern sie gebieterisch als unser Recht. Hört es ihr Mächtigen der Erde, Regierungen Europas, wer immer Ihr sein, wie immer Ihr Euch nennen möget, Bismark, Gladstone, Beust, Andrassy, die Katholiken mahnen Euch, zu Gunsten des heiligen Stuhles einzuschreiten, und ihre gerechten Forderungen zu erfüllen. Glaubt uns, verkennt unsern Mahnruf nicht. Entweder werdet ihr die katholische Kirche in alle ihre Rechte wieder einsetzen, oder nicht eine von all den heutigen Regierungen bleibt bestehen!"

Ist man etwa berechtigt, diese Angelobung des Unterthanen-Gehorsams allein unter der Bedingung des Wohlverhaltens des Staates auf Rechnung eines ultramontanen Winkelblättchens zu setzen? Gewiſs nicht. Wer die Klerikalen kennt, weiſs, daſs sie heute die Kirche als die treuste Bewahrerin der Autorität der Fürsten hinstellen, morgen aber, wenn es ihnen für ihre Zwecke angemessen erscheint, mit republikanischen und demokratischen Bewegungen — wie das Verhalten der deutschen katholischen Bischöfe im Jahre 1848 zur Genüge beweist — sympathisiren. Und was enthält der zuletzt mitgetheilte Artikel anders, als eine freche Drohung vom Standpunkt des Syllabus aus, nach welchem die Kirche über dem Staat steht und man Gott, d. h. im ultramontanen Sinne, den katholischen Obrigkeiten, Papst und Bischöfen, mehr gehorchen muſs als den Menschen, d. h. dem staatlichen Gesetz?*)

Zeigt denn nicht endlich schon die Thatsache der Einberu-

*) In ähnlicher, wenn auch nicht so starker Weise wie das vorhin angeführte Blatt hat sich auch die im September d. J. zu Mainz abgehaltene General-Versammlung der katholischen Vereine in ihrer Resolution ausgesprochen, in welcher u. A. erklärt wird: „Die zahlreichen Petitionen, und Vorstellungen, in welcher die Katholiken ihre Befürchtungen für die Freiheit ihrer Religion aussprechen und die Wiederherstellung der Unabhängigkeit ihres geistlichen Oberhauptes fordern, sind von keiner der europäischen Regierungen einer Berücksichtigung gewürdigt worden, und keine hat dem beraubten und gefangenen (?!) Papste Schutz gewährt .... Diese Haltung der europäischen Regierungen ist eine Ungerechtigkeit gegen ihre katholischen Unterthanen. Sie ist eine Zerstörung des Völkerrechts. Sie ist eine Sanktion der politischen Gewaltthat .... Die General-Versammlung protestirt gegen das Verfahren jener deutschen Regierungen, welche die Verkündigungen der katholischen Glaubenswahrheiten in ihren Territorien zu hindern und die Auflehnung gegen die Kirche durch ihren Schutz zu begünstigen suchen. Diese Regierungen haben dadurch ihre Befugnisse überschritten und ihre Pflichten verletzt: die Pflicht gegen Gott, dem sie verantwortlich sind; gegen die Kirche, deren Rechte sie zu wahren versprochen haben; und gegen die Freiheit des Gewissens, welche allen ihren Unterthanen garantirt ist."

fung des vatikanischen Koncils und die Dogmatisirung der päpstlichen Unfehlbarkeit, die aggressiven Tendenzen des modernen Katholicismus zur Genüge? Wozu hat man dem Papst jene für die Gewissensbedrückung nur zu geeignete Waffe in die Hand gegeben, als um die Stellung der katholischen Kirche in dem Kampfe mit den modernen Staaten zu verstärken? Traut man wirklich den Jesuiten und der Kurie zu, daſs die ersteren blos um einer rein dogmatischen Kontroverse willen den Apparat eines ökumenischen Koncils in unserer Zeit in Bewegung gesetzt haben, und daſs die letztere ebenfalls nur aus demselben harmlosen Grunde trotz ihrer bekannten Finanznoth die nicht unbeträchtlichen Kosten für das Koncil aufgewendet hat? Dergleichen theoretische und ideale Interessen liegen doch ohne allen Zweifel sowohl den Jesuiten, wie auch den Mitgliedern der Kurie, vollkommen fern.

Daſs man katholischerseits da, wo man es für zweckmäſsig erachtet, auch nicht davor scheut, jene oben hervorgehobenen staatsgefährlichen Tendenzen praktisch zu realisiren, wird wohl Niemandem, welcher nicht absichtlich seine Augen verschlieſsen will, zweifelhaft sein können.

Besitzt aber die katholische Kirche auch die Macht, um dem Staate mit ihren Bestrebungen gefährlich werden zu können? Auch diese Frage muſs entschieden bejaht werden. Schulte, welcher in dieser Hinsicht gewiſs als Sachkundiger gelten kann, sagt in der mehrfach citirten Denkschrift über das Verhältniſs des Staates u. s. w. S. 33:

„Schon 1865 zählte man (mein *status dioecesium catholicar. Giss.* 1866. *Tab.* III.) in den zum deutschen Bunde gehörigen Staaten (einschlieſslich der nicht deutschen Provinzen), 461 Ordenshäuser mit 4387 Priestern und zusammen 7482 männlicher Regularen, 1146 Häusern, Instituten u. s. w. weiblicher Regularen und Quasiregularen mit 12080 Individuen, von beiderlei Geschlecht 1607 Häuser mit 19562 Individuen. Dazu kommen 30340 Weltpriester, mithin im Ganzen 54289 Personen (Welt-, Regular-Priester, andere Regularen). Die Gesammtzahl der Katholiken betrug damals 26,153118. Es kam also auf je 460 Seelen überhaupt, auf circa 200 Leute über 18 Jahren ein unter geistlicher Direktion stehendes Individuum. Wer weiſs, mit wie vielen Fäden die Welt- und Ordensgeistlichen mit der Gesellschaft zusammenhängen, welche die Kanzel haben, den Religionsunterricht geben, ja bis in die neueste Zeit fast überall die Volksschule leiten, mithin die einzigen Mittel für die immense Mehrheit der Bevölkerung sich zu unterrichten besitzen; wer bedenkt, welche Macht der Beichtstuhl giebt, da auf dem Lande und in kleinen Städten regelmäſsig der Beichtvater das Beichtkind kennt, folglich in der Lage ist, wenn er will, Einfluſs nach jedweder Richtung zu nehmen, aber auch in gröſseren Städten insbesondere die Jesuiten und ihre von dem neuesten *„doctor ecclesiae“* Alphons Liguori gestiftete Kopie, die Liguorianer, bald dahin kommen, die Frauen einfluſsreicher Klassen zu Beichtkindern zu haben, sich auch nicht scheuen, sofort nach Namen und Stand der ihnen unbekannten Frauen und Männer zu fragen, wie das mir selbst, meiner Frau und mehreren mir sehr nahe verwandten Personen schon begegnet ist; wer weiſs, daſs insbesondere der ewige Refrain lautet: nur sofort beichten, wenn man schwer gesündigt hat, dann geht Alles gut; wer die in vielen Gegenden verbreiteten Bücher kennt, durch welche eine Moral praktisch gemacht wird, die ans Unglaubliche grenzt, die den blinden Aberglauben, ja den nackten Amulettenkultus empfiehlt, durch bloſses Tragen von Scapulieren, Medaillen und dergl. alle möglichen Garantien verheiſst, wie es z. B. mit den „Herrlichkeiten Mariäs“, des letzthin zum *Doctor ecclesiae* von Pius IX. promovirten Alphonsus Liguori der Fall ist .... wer den Zusammenhang zwischen den Jesuiten und einigen anderen besonders neuen Orden und den „Geistlichen Schwestern“ kennt, zufolge dessen der Beichtvater den „Schwestern“ Adepten und Geld verschafft, die „Geistlichen Schwestern“ jenen vergöttern; wer weiſs, daſs es in manchen Städten, wie etwa Münster, Paderborn, Aachen u. a. ohne Billigung der Jesuiten in gewissen Kreisen keine Heirathen mehr giebt, für ihre Lieblinge aber sehr schnell passende und fette, in Zukunft dankbare Partien; wer die Macht erwägt, welche liegt in der durch eins oder mehrere Jahre geleiteten Erziehung der Töchter aus den mittleren Ständen, sowie theils aus dem Adel und dem vermögenden Bauernstande, in der Jesuitenfiliale *„Sacré Coeur“* genannt, oder bei den Salesianerinnen, Schwestern vom Armen Kind Jesu, Englischen Fräulein u. s. w.; wer mit eigenen Ohren durch längere Zeit gehört hat, wie insbesondere in den Jesuiten-Predigten die Zuhörerschaft geistig durch Beispiele, die meist für den Denker passen, wie die Faust aufs Auge, Sophismen, Beweise für unbeweisbare Dinge

u. s. w., was Alles mit wenigen Ausnahmen die Zuhörer zu durchschauen nicht vermögen, präparirt wird, und man dieser präparirten Zuhörerschaft Alles zu bieten wagt; wer endlich auch nur einen Blick gethan hat, in das System des polizeilichen Ueberwachens, Denuncirens, Klatsches, Auskundschaftens, welches die frommen „Väter der Gesellschaft“ von dem Momente an unterhalten, wo sie einen Fuſs an einen Ort setzen .... wer weiſs, was es heiſst, Einen in Rom sitzen zu haben, der gleich unserm Herrgott über Alles unfehlbar ... lehrt ..., an dem so rechtlich deutlich wird, daſs man nichts zu wissen braucht, alles Wissen nur eitel ist, es nichts Höheres giebt, als blindlings dem zu folgen, was der Unfehlbare lehrt und gebietet durch seine Diöcesan-Vikare, diese durch die Pfarrer u. s. w., vor Allem aber was rathen die Säulen des Unfehlbaren, die „Väter der Gesellschaft Jesu“ .... der erkennt, was allein in Deutschland und (Cisleithanien) Oesterreich eine stets schlagfertige Armee von jetzt sicher gegen 60000 Soldaten beiderlei Geschlechts vermag, sobald eine Parole ausgegeben wird.“

Ein wichtiger Faktor, mit welchem die staatliche Politik zu rechnen hat, ist jener Organismus sicher. Zwar hört man es heute vielfach für eine unnütze Befürchtung, ja mitunter sogar für eine lächerliche Besorgniſs erklären, daſs das kuriale Staatsrecht wieder in die Praxis eingeführt werden, und daſs sich der Papst die Absetzung weltlicher Regenten herausnehmen werde. Letzteres ist allerdings nicht zu erwarten. Aber andererseits ist das zweifellos, daſs jenes ultramontane Heer fort und fort seine Aufgabe in der Herabsetzung der staatlichen Einrichtungen suchen und in dieser Hinsicht eine fortwährende Agitation aufrecht erhalten wird. So wird künstlich ein Zustand herbeigeführt, welcher jeden Augenblick zu Konflikten mit den Regierungen Veranlassung geben, und diese in wichtigen Entschlüssen hemmen kann, namentlich wenn es den klerikalen Bestrebungen gelingt, ihre Anhänger in groſser Anzahl in die maſsgebenden, politischen Körperschaften zu bringen. Wie viel hat denn gefehlt, daſs nach der frechen Kriegserklärung Frankreichs im vorigen Sommer der hochherzige Entschluſs des Königs von Baiern, sein Heer mit dem norddeutschen zur Abwehr des räuberischen Ueberfalls auf Deutschland gemäſs den Bündniſs-Verträgen ausrücken zu lassen, durch die Abstimmung derjenigen Partei, welche die ultramontanen Tendenzen vertritt, vereitelt worden wäre? Und wie viel daran, daſs die Ultramontanen in der bairischen Zweiten Kammer die Annahme der deutschen Reichsverfassung und damit die Wiederaufrichtung des deutschen Kaiserreiches verhindert hätten? Ist es ferner so undenkbar, daſs einmal jener gewaltige Apparat von seinen Leitern im geeigneten Zeitpunkt, d. h. wenn die neukatholische Kirche davon selbst Vortheil zu haben hofft, auch zu Gunsten anderer destruktiver Parteien, ja selbst zu Gunsten äuſserer Feinde des neuen deutschen Reiches, in Bewegung gesetzt wird? Dürfte endlich nicht gerade deshalb eine doppelte Vorsicht erforderlich sein, weil alle aggressiven Unternehmungen gegen den Staat unter dem Vorwande, nur den göttlichen Geboten Anerkennung zu schaffen, einer Fahne, welche keine andere die staatlichen Einrichtungen bekämpfende Partei emporzuheben in der Lage ist, ins Werk gesetzt werden können?

II. Die anderweite Regelung des Verhältnisses zwischen der neukatholischen Kirche und den deutschen Staaten.

Trotz der dem Staate feindlichen Tendenzen, welche die neukatholische Kirche in der letzten Zeit mehr als je betont und zu realisiren gesucht hat, ist selbstverständlich bei dem langen Bestande derselben, der bevorrechteten Stellung, welche sie bisher in den deutschen Staaten genossen, und der groſsen Anzahl ihrer Bekenner, nicht an ein absolutes Verbot oder an die Verhinderung einer gemeinschaftlichen religiösen Vereinigung der Neukatholiken zu denken. Andererseits hat aber heute keine Regierung ein Interesse, dieser Kirche, welche die Fundamentalsätze des modernen Staates bekämpft und in dem letztern ihren Todfeind sieht, irgend welche Unterstützung zu gewähren. Durch eine solche, wie sie auch immer beschaffen sein mag, ermuthigt und stärkt der Staat nur seine gröſste Gegnerin. Wenn eine Trennung zwischen dem Staat und der Kirche deshalb von Vielen verworfen wird, weil der erstere gleichfalls eine religiöse und sittliche Erziehung seiner Bürger nicht entbehren kann, diese vielmehr eine der Hauptbedingungen seiner Existenz ist, so fällt dieser Grund dann fort, wenn eine Kirche die Rechte, welche jeder moderne Staat für sich in Anspruch nehmen muſs, nicht nur läugnet, sondern sie auch für der von Gott gewollten Ordnung widersprechend erklärt.

Zur Abwehr der durch das vatikanische Koncil klargestellten staatsgefährlichen Tendenzen der neukatholischen Kirche bleibt daher nichts anderes übrig, als dafs die deutschen Regierungen das Verhältnifs zur katholischen Kirche auf Grund desjenigen Princips regeln, welches man schlechthin als die Trennung des Staates von der Kirche bezeichnet. Als Konsequenzen desselben sind durch die Gesetzgebung zu beseitigen:

1. Alle bestehenden staatlichen Vorrechte der Bischöfe, der katholischen Geistlichen und des Kirchengutes, also z. B. die Beamtenprivilegien der ersteren, die Steuerexemtionen des letzteren.

2. Ist in allen Fällen die Hülfeleistung des weltlichen Armes für irgend welche Erlasse der geistlichen Gewalt, wo sie noch bisher bestanden, also z. B. namentlich zur Beitreibung der kirchlichen Abgaben, aufzuheben.

3. Den Akten der kirchlichen Behörden darf für das staatliche Gebiet keine Wirksamkeit mehr beigelegt worden. Dieser Grundsatz ist nicht blos auf die Straferlasse zu beschränken, sondern auch auf diejenigen Akte, bei welchen die Geistlichen bisher als Civilstandsbeamte fungirt haben, auszudehnen, d. h. es sind mindestens für die Neukatholiken (ebenso wie für die Altkatholiken, darüber s. unter III.) die obligatorische Civilehe und Civilstandsregister einzuführen.

4. Jede für das staatliche Gebiet wirksame Gerichtsbarkeit der katholischen Kirche, namentlich in Ehe und Verlöbnifssachen, abgesehen von der Disciplinargerichtsbarkeit über ihre Geistlichen, ist aufzuheben, und

5. die Anwendung von Freiheitsstrafen durch die kirchlichen Behörden unter Androhung der kriminalrechtlichen Folgen der widerrechtlichen Freiheitsberaubung (Deutsch. Strafgesetzbuch § 239) zu verbieten.

Ferner ist auszusprechen:

6. die Nichtzulassung der Neukatholiken an allen staatlichen und Kommunalschulen als Religionslehrer, ferner

7. die Ausschliefsung des Unterrichts in der neukatholischen Religionslehre von den erwähnten Schulanstalten,

8. die Beseitigung der katholisch-theologischen Fakultäten an den Universitäten.

9. Sodann hat der Staat der neukatholischen Kirche die bisher aus Staatsfonds gewährten Dotationen zu entziehen, wobei allerdings eine billige Rücksicht auf die augenblicklich im Amte

befindlichen Bischöfe und Geistlichen durch Gewährung von persönlichen, ihren Unterhalt sichernden Pensionen zu nehmen ist.

Andererseits hat der Staat 10. besondere Strafgesetze gegen die Geistlichen zu erlassen, welche ihr Amt benutzen, um die staatlichen Gesetze und Anordnungen herabzuwürdigen, sowie die Beobachtung und Ausführung derselben zu hindern, oder welche auf andere Weise ihr Amt zur Einwirkung auf bürgerliche und staatliche Verhältnisse mifsbrauchen;

11. die Zulassung des Jesuiten-Ordens, resp. der ihm verwandten Orden und Kongregationen, überhaupt zu verbieten;

12. die anderer Orden dagegen von seiner jederzeit widerruflichen Genehmigung abhängig zu machen;

13. zur Gründung neuer Ordenshäuser oder Niederlassungen von schon gestatteten Orden gleichsfalls und zwar mit dem Recht des beliebigen Widerrufs seine Genehmigung vorzubehalten, sowie

14. den Austritt des einzelnen aus dem Orden seinerseits jeder Zeit zu gestatten und gegen die Anwendung der kirchlichen Strafen für das eigenmächtige Verlassen des Ordens (die s. g. *apostasia a regula*), namentlich gegen die Verhängung von kirchlichen Gefängnifsstrafen, einzuschreiten.

Dagegen ist den Neukatholiken 15. der öffentliche Gottesdienst in ihren Kirchen zu gestatten; ebenso

16. ihren kirchlichen Instituten Vermögensfähigkeit unter Aufrechterhaltung der Gesetze über die Erwerbung von Vermögen für die todte Hand zu gewähren, und ferner hat

17. der Staat auf die von ihm bisher geübten besonderen Rechte, also seine Befugnisse bei der Besetzung der Bischofsstühle, seine Zustimmung bei der Verleihung der niederen kirchlichen Stellen, sein Nominationsrecht auf Domherrnstellen, die Konkurrenz bei der Vermögensverwaltung u. s. w. zu verzichten.

Die vorstehenden für die Neuregelung aufgestellten Grundsätze werden — dessen bin ich mir wohl bewufst — einerseits für zu radikal, andererseits aber auch für zu liberal erklärt werden. Selbst aber, wenn man Bedenken trägt, an und für sich eine Trennung des Staates von der Kirche zu befürworten, also das Princip, aus welchem die einzelnen hervorgehobenen Punkte als Konsequenzen folgen, zu billigen, so möge man erwägen, dafs in denjenigen deutschen Staaten, wo das Placet in rechtlicher Wirkung besteht, sofern die Regierungen hier nicht schwächlich konniniren und ihre Autorität nicht untergraben und verhöhnen lassen wollen, allein die Protestkatholiken als die Angehörigen der berechtigten katholischen Kirche betrachtet werden müssen. Sofern sich also die Neukatholiken nicht als besondere Sekte konstituiren wollen, haben sie in diesen Ländern gar keine Berechtigung, und wenn sie etwa das erstere thun sollten, so ist die vorgeschlagene Regelung ihrer Verhältnisse immer noch günstiger als für die meisten anderen Dissidenten. Jedenfalls erfordert aber die Lage der Dinge, da zwei so disparate Parteien, wie die Alt- und Neukatholiken auf die Länge unmöglich in einer kirchlichen Gemeinschaft zusammenbleiben können — und das gilt auch für die Staaten, in welchen das Recht des Placets nicht existirt — unter allen Umständen ein Eingreifen der staatlichen Gesetzgebung.

Daſs diese den beiden Parteien der katholischen Kirche die gleichen Rechte und zwar die bis jetzt der letztern überhaupt gesetzlich zustehenden, gewährt, dazu liegt nicht die mindeste Veranlassung vor, denn der neukatholischen Fraktion gegenüber hieſse das eben nichts Anderes als nachgeben, und der Unfehlbarkeitspartei die volle, von ihr sehnlichst gewünschte staatliche Anerkennung zusichern.

Vielleicht wird man aber einwenden, daſs sich der Staat den Neukatholiken gegenüber durch minder radikale Maſsregeln, als die vorgeschlagenen, schützen könne. Welches dieselben sein sollen, ist mir, sofern man eben erfolgreiche wünscht, unerfindlich.

Die theilweise in den Gesetzgebungen einzelner deutschen Staaten (z. B. Baierns, Würtembergs, Badens) festgehaltenen Präventivmaſsregeln, wie das Recht des Placets u. s. w., nützen schon deshalb nichts, weil, wie sich hinreichend gezeigt hat, die neukatholischen Bischöfe sich nicht daran kehren, und weil ferner nach dem dritten Kapitel der Konstitution: *Pastor aeternus* der Papst befugt ist, alle Handlungen in den einzelnen Diöcesen statt der Bischöfe vorzunehmen (s. Seite 39 ff.), d. h. derartige Rechte der Regierungen völlig illusorisch zu machen. Ebenso wenig bietet z. B. weiter die Verpflichtung der geistlichen, namentlich der Bischöfe auf die Landesgesetzgebung durch Unterthanen- und Treu-Eide irgend welche Garantie, denn ganz abgesehen davon, daſs der Papst, wie schon hervorgehoben, statt der letzteren für einzelne Fälle die Diöcesan-Verwaltung in die Hand nehmen könnte, würden möglicher Weise dergleichen Eide auch nach dem oben angeführten Beispiel (S. 55) von der Kurie für unerlaubt und nichtig erklärt werden. Aus demselben Grunde gewährt auch ein Einflufs der Regierungen auf die Besetzung der höheren und niederen Kirchenämter ihnen nicht mehr den mindesten Schutz.

Der Kardinalpunkt bleibt aber immer der, dafs man weder durch ein Mitwirkungsrecht der letzteren Art noch durch irgend welche andere der Regierung einzuräumenden Befugnisse die infallibilistische und die dem Syllabus ergebene Partei von der katholischen Kirche und namentlich von den kirchlichen Aemtern ausschliefsen kann. Da die Gefahr für den Staat in der zum Dogma erhobenen Lehre und ihren Konsequenzen, also in der veränderten Stellung, welche die katholische Kirche demselben gegenüber eingenommen hat, liegt, so können die Regierungen nun und nimmermehr den gegen sie gerichteten Tendenzen mit den Mitteln der bisherigen Gesetzgebung, welche von dem Gedanken eines friedlichen Verhältnisses zwischen Staat und Kirche beherrscht worden ist, die gefährliche Spitze abbrechen. Die Frontveränderung der Kirche gegenüber dem Staat, welche in neuerer Zeit eine entschieden feindselige geworden ist, bedingt vielmehr für den letzteren eine Politik, welche die bisherigen Grundlagen verläfst. Wenn man die neukatholische Kirche nicht aus den einzelnen Staaten total ausweisen oder das Recht ihrer Anhänger rein auf Gewissensfreiheit beschränken will, dann giebt es für die Regierungen kein anderes Mittel, als das vorgeschlagene, d. h. die s. g. Trennung von Staat und Kirche. Dadurch erreichen dieselben mindestens den Vortheil, dafs sie selbst ihren Gegner nicht vermittelst der staatlichen Macht stärken, und ferner werden dadurch in einer Zahl von Fällen, wo heute sich die Gebiete von Staat und Kirche durchdringen und die Geistlichen zugleich als staatliche Beamten (wie z. B. bei der Eheschliefsung) fungiren, Konflikte vermieden. Endlich wird eine solche entschiedene, von der Regierung den Neukatholiken gegenüber eingenommene Position deshalb auch vom gröfsten Nutzen sein, weil sie damit den Druck von den Protestkatholiken nimmt, diese jeder Verwaltigung entzieht, und die gegen die neukatholische Kirche gerichtete Bewegung stärkt. Die vielen schwankenden Gemüther unter den Laien und namentlich unter den niederen Geistlichen, welche im Grunde ihres Herzens den ultramontanen Bestrebungen fremd sind, gewinnen allein auf diese Weise einen festen Rückhalt, während sie sonst das Heer der dem Staate feindlichen Partei verstärken helfen.

Kann aber nicht gerade die Entziehung der bisher der katholischen Kirche gewährten Privilegien — so wird man vielfach einwerfen — die Ultramontanen zum Kampfe provociren? Allerdings wird sich ein Schrei der Entrüstung durch alle katholischen Staaten erheben, und man wird den Regierungen eine Reihe von Schwierigkeiten zu bereiten suchen. Indessen der Streit mit der neukatholischen Kirche ist bereits ausgebrochen, sie selbst, nicht der Staat hat ihn gesucht, und mit einer unentschlossenen und unentschiedenen kirchlichen Politik schiebt man ihn nicht hinaus, vielmehr werden die Ultramontanen nur desto selbstbewufster und rücksichtsloser werden, je weniger Thatkraft die einzelnen Regierungen ihnen gegenüber an den Tag legen. Dafs feste Energie das beste Mittel ist, den ultramontanen Bestrebungen mit Erfolg zu begegnen, dafür legen die von der Badischen Regierung unter schwierigen Verhältnissen mit der erzbischöflichen Kurie zu Freiburg glücklich durchgekämpften Konflikte (vgl. darüber Friedberg, der Staat und die katholische Kirche im Grofsherzogthum Baden seit dem Jahre 1860. Leipzig 1871) das sprechendste Zeugnifs ab.

Zufriedenstellen wird der moderne Staat die neukatholische Kirche nie. Eine Kirche, welche sich allen übrigen gegenüber für die ausschliefslich und allein göttlich berechtigte erklärt, und einen Theil der dem Staat zustehenden Souveränität, ebenfalls als ihr göttliches Recht beansprucht, kann unter der Freiheit der Kirche nicht blos das Recht auf freie Entfaltung ihrer Einrichtungen, sondern sie mufs, weil ihr Lebensprincip ein aggressives ist, darunter auch die Unterdrückung des Staates wie aller anderen Religionsgesellschaften verstehen. Gerade diese Freiheit ihr zu gewähren, ist jeder Staat, welcher sich nicht selbst aufgeben will, aufser Stande. Wenn demnach eine für beide Theile annehmbare Friedensbasis nicht gefunden werden kann, und neuerdings der Kampf von der katholischen Kirche in heftigerer Weise als früher aufgenommen worden ist, dann ist es sicher für die Regierungen politischer, mit entschiedenen, den Gegner möglichst schwächenden, als mit halben Mafsregeln vorzugehen. Die letzteren werden auf denselben Widerstand bei den Ultramontanen, wie die ersteren stofsen, ohne dafs sie den Regierungen irgend welche Vortheile bieten.

Damit glaube ich das allgemeine Princip, welches ich für die anderweite Regelung des Verhältnisses der einzelnen deutschen Staaten an die Spitze gestellt habe, hinreichend gerechtfertigt zu haben.

Von den einzelnen Konsequenzen bedürfen die S. 62 unter 1—4 aufgestellten Sätze kaum einer näheren Begründung, weil sie nichts als einfache, sich aus dem obersten Grundsatz ergebende Folgerungen sind. Die obligatorische Civil-Ehe insbesondere (s. unter No. 3) und die staatliche Civilstandsführung ist ein Postulat, welches auch sonst schon und aus anderen, mit den vorliegenden Fragen in keinem inneren Zusammenhang stehenden Gründen befürwortet worden ist, und sich bereits in einer Anzahl deutscher Staaten (so in Preufsen, wenigstens in der Rheinprovinz und Frankfurt a. M., in Rheinbaiern, in Rheinhessen, in Baden und in Hamburg) in Geltung befindet.

Der Vorschlag zu No. 4 hinsichtlich der Aufhebung der kirchlichen Gerichtsbarkeit ist ebenfalls nicht etwas absolut Neues für Deutschland, wie dieselbe z. B. heute im ganzen Umfange der preufsischen Monarchie nicht mehr besteht. Hervorgehoben mufste allerdings dieser Punkt werden, weil in anderen Ländern noch Reste einer, der katholischen Kirche mit bindender Wirkung für das weltliche Gebiet zustehenden Jurisdiction (z. B. in Baiern) vorkommen, hier also die Durchführung des kirchlichen Rechtes vermittelst des weltlichen Armes gewährleistet ist. Dagegen hat es nicht das mindeste Bedenken, sofern die bürgerlichen Vergehen der Geistlichen durch den weltlichen Strafrichter abgeurtheilt werden, der neukatholischen Kirche im Allgemeinen die Handhabung der Disciplinargerichtsbarkeit zu überlassen. Denn über die Verletzungen der kirchlichen Ordnungen, welche für die geistlichen Beamten mafsgebend sind, hat die Kirche allein zu befinden. Der Staat hat, wenn er für die Besoldungen der Geistlichen, wie unter No. 9 vorgeschlagen ist, keine Staatsmittel mehr gewährt, an der Absetzung, Suspension oder sonstigen disciplinarischen Bestrafung derselben im Allgemeinen kein Interesse. Selbst aber auch für den Fall, dafs eine solche deswegen erfolgen sollte, weil der Geistliche sich nicht den den Staatsgesetzen widersprechenden Forderungen seiner Oberen fügt, wird man von dieser Regel keine Ausnahme machen können. Denn eine solche würde zu nichts weiterem als zu einer den Staat gehässig machenden Aufdrängung von solchen Personen führen, welche die Kirche nicht ferner als ihre Beamten dulden will, und überdies würde der Staat kaum in der Lage sein, einer etwaigen auf Umwegen z. B. durch Versetzungen und andern Mafsregelungen versuchten Entfernung solcher Geistlichen entgegen zu treten. Das Korrektiv für ein etwa in dieser Beziehung dem Staate schädliches Verhalten bieten vielmehr die besonders gegen Ausschreitungen der neukatholischen Geistlichen zu erlassenden Strafgesetze (s. zu No. 10). Wohl aber ist der Kirche die Berechtigung zur Verhängung und Vollstreckung des von ihr auch für kirchliche Verbrechen und Disciplinar-Vergehen in Anspruch genommenen Strafmittels der Haft abzusprechen (vgl. No. 5). Das erstere folgt daraus, dafs es bei dem hier eingenommenen Standpunkt für den Staat keine kirchlichen Verbrechen — solche sind z. B. nach der Auffassung der katholischen Kirche die Ketzerei, die Apostasie, das Schisma — geben kann. Das zweite rechtfertigt sich damit, dafs allein der Staat die Befugnifs hat, mit wirklichem Zwang gegen die Person vorzugehen, und aufserdem die Gestattung derartiger Mafsregeln dem allgemeinen Princip zuwider die äufsere Rechtssphäre der davon betroffenen Individuen berühren würde. Uebrigens ist der in dieser Hinsicht gemachte Vorschlag nichts anderes, als die Verwerthung eines bisher schon von der partikularrechtlichen Gesetzgebung sanktionirten Grundsatzes, vgl. z. B.:

Würtemberg. Gesetz betr. die Regelung des Verhältnisses der Staatsgewalt zur katholischen Kirche vom 30. Januar 1862.

Art. 6: „Disciplinarstrafen gegen katholische Kirchendiener wegen Verfehlungen im Wandel oder in der Führung ihres kirchlichen Amtes dürfen von den kirchlichen Behörden nur auf den Grund eines geordneten processualischen Verfahrens verhängt werden.

Die Disciplinargewalt der kirchlichen Behörde kann niemals durch Freiheitsentziehung geübt werden.

Geldbufsen dürfen den Betrag von 40 Fl., die Einberufung in das Besserungshaus der Diöcese darf die Dauer von 6 Wochen nicht übersteigen.

Von jedem auf eine Geldbufse von mehr als 15 Fl., auf Einberufung in ein Besserungshaus für mehr als 14 Tage

... lautenden Straferkenntnisse ist der Staatsbehörde alsbald Mittheilung zu machen.“

Art. 7: Verfügungen und Erkenntnisse der Kirchengewalt können gegen die Person oder das Vermögen eines Angehörigen der katholischen Kirche wider dessen Willen nur von der Staatsgewalt vollzogen werden.“

Badisches Gesetz vom 9. Oktober 1860 über die rechtliche Stellung der Kirchen und kirchlichen Vereine im Staate, § 17:

„Verfügungen und Erkenntnisse der Kirchengewalt können gegen die Freiheit oder das Vermögen einer Person wider deren Willen nur von der Staatsgewalt und nur unter der Voraussetzung vollzogen werden, dafs sie von der zuständigen Staatsbehörde für vollzugsreif erklärt worden sind.“

Das Würtembergische Gesetz hat die von mir aufgestellte Proposition schon im Princip sanctionirt. Da aber der Staat der Kirche überhaupt seinen Beistand nicht mehr zu leihen hat, mufs auch die Konkurrenz des ersteren für die Unterbringung der Geistlichen in ein Besserungshaus aufhören, andererseits ist den dort detinirten Kleriken die Freiheit zu garantiren, dasselbe jeder Zeit zu verlassen. Die selbstverständliche Folge des Zuwiderhandelns der kirchlichen Oberen gegen die hier vertheidigten Grundsätze ist die Bestrafung derselben wegen widerrechtlicher Freiheitsberaubung nach § 239 des deutschen Strafgesetzbuches. Ebenso erscheint es nur als eine Konsequenz des allgemeinen Princips, wenn künftighin der Staat die im Wege des Disciplinarverfahrens von der Kirche festgesetzten Geldstrafen nicht mehr beitreibt.

Die unter No. 6 — 8 aufgestellten Postulate ergeben sich gleichfalls aus dem allgemeinen, an die Spitze gestellten Grundsatz. Wenn der Staat der neukatholischen Kirche seine Unterstützung entzieht, so kann er die Lehre derselben auch nicht mehr als Unterrichtsgegenstand in seinen öffentlichen Schulen gelten lassen. Es hat dies zugleich den Vortheil, dafs da, wo, wie z. B. in Preufsen, die Theilnahme an dem Religionsunterricht für die Kinder, welche der in den öffentlichen Schulen gelehrten Konfession angehören, obligatorisch ist, ein derartiger Zwang für die Kinder neukatholischer Eltern fortfällt und somit den Bischöfen jede Gelegenheit genommen ist, ähnliche weitere Klagen, wegen

Gewissenszwanges, wie sie seitens des Bischofs von Ermland in der Dr. Wollmann'schen Angelegenheit geltend gemacht sind, zu erheben. Der erste der drei auf die Unterrichtswesen bezüglichen Vorschläge bedarf keiner weiteren Begründung. Der dritte folgt nicht nur aus dem allgemeinen Princip, sondern er ist auch durch das Wesen der deutschen Universitäten gegeben. Wenn die Lebensbedingung derselben das unverkümmerte Recht der freien wissenschaftlichen Forschung ist, so darf unmöglich in ihren Plan die Lehre einer Theologie aufgenommen werden, welche von nun ab allein durch die unfehlbaren Machtsprüche eines einzigen Menschen bestimmt werden kann. Eine Religion, welche die letzteren als unbedingt mafsgebend anerkennt, ist damit aus der Zahl der Objekte freier wissenschaftlicher Forschung gestrichen, sowie jedes Recht auf eine solche denjenigen, welche eine derartige Theologie zu lehren haben, entzogen.

Am radikalsten und bedenklichsten wird, wie ich nicht verkenne, das zu No. 9. formulirte Verlangen erscheinen. Indessen, wenn die Regiernngen die neukatholische Kirche für staatsgefährlich ansehen, dann ist es nicht nur durch die Politik geboten, sondern es ist auch geradezu ihre Pflicht, jene Religionspartei nicht noch mit Staatsmitteln zu stärken. Die Ultramontanen werden freilich bei der Verwirklichung des betreffenden Vorschlags ein Zethergeschrei erheben, und sich auf die in Folge der Säkularisationen Anfangs dieses Jahrhunderts den einzelnen deutschen Staaten im Reichsdeputationshauptschlufs von 1803 §. 35. auferlegte Verbindlichkeit, für die Bedürfnisse der katholischen Kirche zu sorgen, berufen. Mit der Versagung weiterer Dotationen und pekuniären Zuschüsse übt aber der Staat gegenüber der neukatholischen Kirche nur einen Akt der Nothwehr aus und zwar wegen einer Aggression, welche die letztere allein verschuldet hat. Sodann besitzen die Altkatholiken mindestens einen ebenso gerechten Anspruch auf staatliche pekuniäre Unterstützung seitens Staates, wie die Neukatholiken. Ferner fehlt jeder tiefere Grund, die Steuern, welche die nicht der neukatholischen Kirche angehörigen Staatsunterthanen, namentlich die Protestanten und Juden zahlen müssen, zur Unterhaltung einer Religionsgesellschaft zu verwenden, welche diese ihren Gesetzen zu unterwerfen strebt, und welche gegen die bestehenden staatlichen, den Nichtkatholiken Schutz und Parität sichernden Einrichtungen auf jede mögliche Weise ankämpft.

Wenn man es wagt, den armen Leuten zu Gunsten des Papstes, welchem das s. g. italienische Garantiegesetz vom 13. Mai 1871 §. 4. eine Dotation von einer jährlichen Rente von 3,225,000 Franken ausgesetzt hat, Beiträge zum Peterspfennig durch falsche Vorspiegelungen abzupressen, dann hat man sicherlich kein Recht, es als eine unerhörte Zumuthung zu verschreien, dafs die betreffende Religionsgesellschaft sich aus den Beiträgen ihrer Mitglieder erhalten soll.

Billig erscheint es mir dagegen zur Vermeidung aller aus dem Uebergangsstadium für einzelne Personen sich ergebenden Inkonvenienzen die bisherigen Geistlichen der neukatholischen Kirche, welche aus Staatsfonds unterhalten worden sind, so lange ihr Lebensunterhalt nicht durch die Angehörigen ihrer Kirche aufgebracht werden kann, durch staatlicher Seits zu gewährende Pensionen vor Mangel zu schützen.

Das weitere Postulat der Aufstellung besonderer Strafgesetze gegen den Mifsbrauch der amtlichen Stellung der neukatholischen Bischöfe und Geistlichen (No. 10.) ist gleichfalls nichts durchaus Neues. Die Agitation derselben nimmt oft eine den Staat oder die öffentliche Ordnung verletzende Gestalt an, und ist wegen der Aufreizungsmittel, über welche die geistlichen Oberen gebieten, gefährlicher, als die jeder anderen politischen Partei. Mit Recht sagen die Motive zu dem badischen Gesetz, die Bestrafung von Amtsmifsbräuchen der Geistlichen betreffend, vom 6. Oktober 1860 (Spohn, badisches Staatskirchenrecht, Karlsruhe 1868 S. 206): „Die Geistlichen haben mitunter vergessen, dafs sie, welche Aemter sie auch bekleiden mögen, Staatsunterthanen bleiben, und als solche den Gesetzen und Anordnungen des Staates Achtung und Gehorsam schuldig sind. Während ihr Amt ihnen zur besonderen Pflicht macht, die Liebe zum Landesherrn und den Gehorsam für die Staatsgesetze in die Herzen der Gläubigen zu pflanzen, haben Manche es gewagt, sich über die weltliche Autorität zu erheben, und ihr höchst einflufsreiches Amt zur Untergrabung derselben zu mifsbrauchen. Eine solche Haltung gegen den Staat kann in demselben nicht geduldet werden. Die Nothwendigkeit einer Vorkehr dagegen tritt um so entschiedener hervor, je freier und selbstständiger der Staat die Kirche in dem ihr gehörigen Gebiet walten läfst. . . Wohl haben wir Gesetze gegen Aufreizungen zum Hasse, zur Verachtung und zum Ungehorsam gegen die Gesetze und Organe des Staates

u. s. w. und es treffen diese Gesetze den Geistlichen in seinen Amtsverrichtungen, wie Jeden, der sich einer solchen Uebertretung schuldig macht. Allein der Thatbestand dieser gemeinen Verbrechen setzt besondere erschwerende Merkmale voraus, weil man sie nur unter dieser Voraussetzung als gefährlich für die öffentliche Ruhe und Ordnung betrachtet, während die einflufsreiche Wirksamkeit der Geistlichen in jener Richtung schon dann gefährlich erscheint, wenn sie auch jenen besonderen Charakter nicht an sich trägt, wenn sie nicht in plumpe Angriffe ausartet. Diese Rücksicht auf der einen und die Betrachtung auf der andern Seite, dafs das geistliche Amt die positive Pflicht mit sich bringt, durch Lehre und Unterricht den Gehorsam der Unterthanen zu befördern, machen es zur Nothwendigkeit, der Wiederkehr von Erscheinungen, wie wir sie leider erleben mufsten, durch Strafgesetze vorzubeugen, wie es auch in vielen andern Staaten, z. B. in Frankreich, Spanien, Belgien, Portugal, Sardinien, Würtemberg und Braunschweig geschehen ist. Diese Strafbestimmungen haben nämlich nur solche Handlungen zu bedrohen, welche nicht schon ohnedies dem Strafgesetze verfallen sind."

Das gedachte Gesetz bestimmt mit Rücksicht hierauf:

„§. 686a. Diener der Kirche, welche in öffentlichen, amtlichen Vorträgen oder durch Ausgeben, Verbreiten oder öffentliches Vorlesen von amtlichen Schriften die Staatsregierung, Gesetze, Verordnungen, Einrichtungen des Staates, einzelne öffentliche Behörden, Anordnungen oder Verfügungen derselben in feindseliger Weise tadeln, werden mit Gefängnifs nicht unter vier Wochen bestraft."

Allerdings erinnert diese Vorschrift an die früher in den Strafgesetzbüchern sich findenden s. g. Hafs- und Verachtungsparagraphen, welche das deutsche Strafgesetzbuch nicht aufgenommen hat. Wenn man gegen letztere und mit Recht eingewendet hat, dafs sich die Gränzen der erlaubten und unerlaubten Kritik nicht gesetzlich bestimmen lassen, so ist das allerdings zutreffend, nur nicht für den hier in Rede stehenden Fall. Die Geistlichen haben kraft ihres Amtes nicht die Pflicht, staatliche Gesetze und Einrichtungen zu kritisiren, und wenn sie dies in ihren amtlichen Reden und Erlassen thun, so überschreiten sie schon damit das Gebiet ihrer Amtssphäre, eine Anschauung, welche offenbar den *code pénal* dazu veranlafst hat (s. Art. 201, 204), den Religionsdienern jede amtliche Kritik von Gesetzen und Regierungsanordnungen überhaupt bei Kriminalstrafen zu verbieten. Will man nicht so weit gehen, so bleibt nichts anderes übrig, als eine ähnliche wenn auch immerhin für den einzelnen Fall flüssige Gränze, wie das badische Gesetz, aufzustellen. Ganz fallen lassen wird man eine solche Bestimmung aber nicht können. Einmal erhält eine feindselige Parteinahme gegen die Regierung, welche von dem Geistlichen in amtlicher Stellung ausgesprochen wird, gerade durch sein Amt und den Einfluſs, welchen er auf seine Zuhörer ausübt, insofern einen besonders gefährlichen Charakter, als ein solches Gebahren vorzüglich geeignet ist, das Ansehen der Regierung zu untergraben. Ferner aber fehlt es hier auch an den Korrekturen, welche bei den von sonstigen Personen öffentlich ausgesprochenen tadelnden Aeusserungen, sich, wie z. B. die Möglichkeit der Zurückweisung durch sofortige Entgegnung oder durch Erörterungen in der Presse, von selbst darbieten.

Weiter verordnet das gedachte Gesetz:

„§. 686c. Die §§. 618 und 671 (betreffend die Bedrohung eines Beamten mit Gewalt, um ihn zur Vornahme einer Amtshandlung zu nöthigen oder ihn davon abzuhalten, vgl. §§. 113, 114 des deutschen Strafgesetzbuches, und die Erpressung durch Anwendung der Amtsgewalt, vgl. §. 339 a. a. O.) finden Anwendung gegen Diener der Kirche, welche zu den in jenen Paragraphen angegebenen Zwecken kirchliche Strafen androhen oder deren Androhung eröffnen, solche Strafen aussprechen oder vollziehen.“

Damit hat die Fernhaltung jeder moralischen Gewalt bei Durchführung der Gesetze und der obrigkeitlichen Anordnungen zu Gunsten der Beamten ausgesprochen werden sollen. Zweifellos bietet dieser §. ein geeignetes Mittel für die Sicherung der staatlichen Anordnungen, aber die Geltung derselben muſs auch bei den vielfachen Agitationen der neukatholischen Geistlichen zu Gunsten jedes Staatsbürgers, nicht blos zu Gunsten der Beamten geschützt werden. Deshalb würde sich eine weitere Strafbestimmung etwa folgenden Inhalts empfehlen:

„Diener der Kirche, welche kirchliche Strafen androhen oder deren Androhung eröffnen oder solche aussprechen oder vollziehen, um Jemand zur Unterlassung einer durch die Staatsgesetze oder durch Anordnungen der Obrigkeit innerhalb ihrer Zuständigkeit vorgeschriebenen Handlung oder zur Ausübung einer ihm nach den Gesetzen oder den rechtsgültigen Anordnungen der Obrigkeit freistehenden, seine politischen und kommunalen Rechte betreffenden Handlung in einer bestimmtenRichtung zu veranlassen, werden mit Gefängnifs bestraft.“

Damit wird einmal die Agitation der katholischen Geistlichen gegen solche Institute, welche nach katholischer Anschauung verwerflich sind, wie die Civil-Ehe, die für das staatliche Gebiet ausschliefslich den Civilgerichten gesetzlich zugesprochene Ehescheidung, getroffen, ferner aber der Mifsbrauch von kirchlichen Censuren, um die Staatsbürger zur Ausübung ihrer politischen und ähnlichen Rechte in einem der klerikalen Partei günstigen Sinne zu bestimmen, mit Strafen bedroht.

Von ultramontaner Seite wird die Festsetzung solcher Strafvorschriften selbstverständlich gleichfalls als ein Eingriff in die Freiheit der Kirche bezeichnet werden, weil der Staat hier solche Handlungen bedrohe, welche ihrer Natur nach nur Wirksamkeit für das innere, kirchliche Gebiet beanspruchen. Indessen, wenn der Satz zur Wahrheit werden soll, dafs die neukatholische Kirche den Staatsgesetzen unterworfen ist, kann es der Staat ebensowenig dulden, dafs dieselben auf irgend eine Weise, also auch nur indirekt in Frage gestellt werden. Nicht die Befugnifs, überhaupt kirchliche Censuren zu verhängen, soll der Kirche durch die vorgeschlagenen Bestimmungen entzogen werden, sondern nur das Recht, jene in einer dem Staate feindlichen Weise zu benutzen. Sodann handelt es sich in den in Rede stehenden Fällen nicht mehr um Kirchenstrafen, deren Wirksamkeit rein in das Gebiet des Gewissens fällt, denn dieselben werden hier gerade als Mittel verwendet, den Ungehorsam, sei es der Beamten, sei es der Untherthanen gegen die Staatsgesetze zu erzwingen. Endlich wird kein Staat — das ist eine selbstverständliche Folge der ganzen, von mir geforderten Regelung des Verhältnisses zur neukatholischen Kirche — die Befugnifs in Anspruch nehmen, da, wo er bestimmte positive Vorschriften, wie z. B. hinsichtlich der Eheschliessung vor bürgerlichen Standesbeamten, der Ehescheidung vor den bürgerlichen Gerichten erlassen hat, seine katholischen Unterthanen auch an der Erfüllung der katholischen Kirchengesetze z. B. der Innehaltung der kirchlich festgesetzten Eheschliessungsform, Beantragung der Ehescheidung vor den katholisch-geistlichen Gerichten, zu hindern, und damit ist die Freiheit der Kirche genügend gewahrt.

Es fragt sich aber, ob nicht auch eine sonstige Benutzung der kirchlichen Amtsgewalt der katholischen Geistlichen abgesehen von dem Fall der Androhung und Verhängung von kirchlichen Censuren und Strafen zu den gedachten Zwecken mit Kriminalstrafe zu bedrohen ist. Die Konsequenz erfordert dies allerdings. Indessen scheidet zunächst ein Fall aus, nämlich die Aufforderung zum Ungehorsam gegen die Staatsgesetze oder gegen rechtsgültige Anordnungen der Obrigkeit, sofern diese während des Gottesdienstes oder in andern öffentlichen Versammlungen oder durch Verbreitung von amtlichen Schriftstücken (also namentlich von Hirtenbriefen) erfolgt, da hier schon das allgemeine Strafrecht, s. deutsches Str.-G.-B. §. 110, ausreicht. Was aber die dann noch übrig bleibenden wichtigsten Fälle der Benutzung der Amtsgewalt, die seelsorgerische Einwirkung auf die einzelnen, namentlich die Versagung der Absolution betrifft, so wird damit ein ähnlicher, erfolgreicher moralischer Zwang, wie durch die Androhung oder Verhängung von Kirchenstrafen von den katholischen Geistlichen geübt. Da dieser Druck indessen nicht so stark ist, wie in dem erst erwähnten Fall wird man sich hier mit einer alternativ Gefängnifs- oder Geldbusse festsetzenden Androhung begnügen können. Demgemäfs würde ein weiteres Strafgesetz dahin zu erlassen sein:

> „Diener der Kirche, welche ihre geistliche Amtsgewalt dazu benutzen, um einen Beamten zur Vornahme einer Amtshandlung zu nöthigen oder ihn von einer solchen abzuhalten, oder Jemanden zur Unterlassung einer durch die Staatsgesetze oder durch die Anordnungen der Obrigkeit innerhalb ihrer Zuständigkeit vorgeschriebenen Handlung oder zur Ausübung einer ihm nach den Gesetzen oder den rechtsgültigen Anordnungen der Obrigkeit freistehenden, seine politischen und kommunalen Rechte betreffenden Handlung in einer bestimmten Richtung zu veranlassen, werden, sofern nicht der §. 110 des d. Str.-G.-B. zur Anwendung kommt, mit 100 Thalern Geldbusse oder mit Gefängnifs bis zu einem Jahr bestraft.“ —

Die Propositionen über die religiösen Orden gehen davon aus, dafs der Staat, weil die Orden stets ein streitbares Heer für die Verbreitung hierarchischer Tendenzen gestellt haben, die Entwicklung des Ordenswesens überwachen und nöthigenfalls in der Lage sein mufs, eine übermässige Ausbreitung desselben zu hindern. Uebrigens befinden sich diese Vorschläge im Einklang mit dem jetzt schon in einzelnen deutschen Staaten, so z. B. in Würtemberg, dem Königreich Sachsen und Baden geltenden gesetzlichen Vorschriften (s. das citirte würtembergische Gesetz v. 1862, Art. 15, die sächsische Verfassungsurkunde vom 4. September 1831, §. 56., welche sogar die Errichtung neuer Klöster verbietet, und das angeführte badische Gesetz über die rechtliche Stellung der Kirchen §. 11.). Die besondere Bestimmung hinsichtlich des Jesuiten-Ordens rechtfertigt sich wegen der Gefährlichkeit desselben, und ist eine Nachbildung der sächsischen Verfassungsurkunde §. 56., wie denn auch das würtembergische Gesetz a. a. O. eine ähnliche Anordnung:

> „Die Staatsregierung ist jedoch keineswegs befugt, ohne besondere Ermächtigung durch Gesetz den Jesuiten-Orden oder ihm verwandte Orden und Kongregationen im Lande zuzulassen,“

enthält.

Die letzte der in diesem Zusammenhang gehörigen Positionen ist nichts als eine Konsequenz aus dem allgemeinen Princip, welches dazu führt, die kirchlichen Verpflichtungen rein dem inneren Gewissensgebiet zuzuweisen, und der Kirche die äussere Strafgewalt abzusprechen.

Der Vorschlag zu 15, wonach den Neukatholiken das Recht eingeräumt werden soll, öffentlichen Gottesdienst in ihren Kirchen abzuhalten, steht mit dem an die Spitze gestellten Princip nicht in Widerspruch. Denn nicht darum handelt es sich, daſs der Staat seine Festordnung nach der der Kirche, wie es bis jetzt geschehen ist, einrichten soll, sondern nur darum, ob man den Neukatholiken die Befugniſs absprechen will, sich bei ihrem Gottesdienst der gewohnten Zeichen der Oeffentlichkeit zu bedienen und Jedermann, also namentlich auch Frauen und Kindern, Zutritt zu gestatten. In dieser Hinsicht kann der Staat m. E. liberal sein, nicht nur blos deshalb, weil die frühere katholische Kirche bisher eine solche Stellung inne gehabt hat, sondern vor Allem auch darum, weil ihm die Entziehung dieser Rechte nicht den mindesten Vortheil bringen, vielmehr nur unnütz Erbitterung erregen würde.

Aus demselben Grunde halte ich es auch nicht für angemessen (s. Nr. 16.), der neukatholischen Kirche, resp. ihren kirchlichen Instituten die Vermögensfähigkeit abzusprechen. Kann und will man dieselbe nicht ganz verbieten und ihre Anhänger aus dem Lande treiben, so mufs man auch konsequent sein, und der Kirche alle Mittel, welche ihr die Sorge für ihre kirchlichen Bedürfnisse erleichtern, gewähren. Erfahrungsgemäfs nützt auch eine gegentheilige Gesetzgebung, wie sie in einzelnen Staaten, z. B. in Preussen, für die Dissidenten besteht, nicht das Mindeste, denn es bleibt für solche nicht mit den Rechten der juristischen Persönlichkeit ausgestattete religiöse Vereine immer die Möglichkeit offen, nach den für die blossen Gesellschaften und Vereine geltenden Regeln Vermögen zu erwerben oder mindestens einzelne ihrer Mitglieder zu diesem Behufe vorzuschieben, welche formell als Eigenthümer gelten, aber die betreffenden Vermögensmassen, zu kirchlichen Zwecken zu verwenden haben, wie z. B. in Nordamerika, wo die katholische Kirche bis heute in den meisten Staaten keine juristische Persönlichkeit besitzt, und das kirchliche Vermögen nach den Beschlüssen der neueren Synoden für die Regel auf den Namen des Bischofs eingeschrieben wird.

Durch eine solche Gesetzgebung erschwert man allerdings der Kirche die freie Bewegung mit ihrem Vermögen, aber sicherlich hindert man damit nicht, dafs sie thatsächlich in den Genufs reicher Mittel kommt. Deshalb erhalten derartige Bestimmungen den Charakter von kleinlichen, erfolglosen Bedrückungen, welche besser vermieden werden und zwar um so mehr, als sie nur etwaigen unredlichen Verwaltern der kirchlichen Vermögensmassen, welche formell das Eigenthum an denselben erworben haben, zu Gute kommen.

Andererseits liegt aber nicht der mindeste Grund vor, die bestehenden Gesetze, welche den Vermögenserwerb durch die todte Hand hinsichtlich bestimmter Werthobjekte oder hinsichtlich gewisser höherer Beträge von der Genehmigung des Staats abhängig machen, aufzuheben.

Dagegen wird der Staat endlich seinen bisher kraft besonderer päpstlicher Indulte oder kraft seiner Gesetzgebung geübten Einflufs auf die Regelung bestimmter kirchlicher Verhältnisse, so namentlich hinsichtlich der Aemterbesetzung und hinsichtlich der Vermögensverwaltung (No. 17.) aufgeben müssen. Entzieht er der Kirche seinen besonderen Schutz und gewährt er ihr keine pekuniäre Unterstützung mehr, so erfordert es zugleich die Gerechtigkeit, dafs er nicht mehr positiv in ihre Angelegenheit eingreift. Ueberdies sind die Rechte des Staates, so weit es sich um die Besetzung der Kirchenämter handelt, jetzt, wie schon oben gezeigt, völlig illusorisch geworden, weil die Gefahr für den Staat nicht mehr darin liegt, daſs einzelne fanatische Persönlichkeiten in seinem Gebiete zu den kirchlichen Stellen gelangen können, sondern in der ganzen, von der neukatholischen Kirche angenommenen staatsfeindlichen Richtung, deren Anhänger er doch mit den erwähnten Befugnissen, mit Nominations-, Exklusions-, Vorschlags- u. s. w Rechten nicht von der Verwaltung kirchlicher Aemter auszuschliessen, im Stande ist.

Daneben bleibt es eine Frage von nur untergeordneter Bedeutung, ob die Regierungen die ihnen in Folge Spezialtitels (also der Fundation, Dotation, Succession in früher begründete Rechte u. s. w.) zustehenden Patronate beibehalten sollen. Durch das allgemeine Princip und durch die Billigkeit wird hier ein Verzicht nicht gefordert, wie wohl es andererseits da, wo der Patronat Lasten, z. B. die Baupflicht mit sich führt, nicht recht der Konsequenz entspricht, wenn man Rechte festhält, welche zu pekuniären Aufwendungen für einzelne Kirchen Veranlassung geben können, obwohl man der ganzen Religionsgesellschaft derartige Unterstützungen versagen zu müssen glaubt.

Weiter machen die meisten Staatsgesetzgebungen, so die preussische, die würtembergische, die königlich sächsische und die badische den Erwerb von Kirchenämtern vom Indigenate, und einzelne auch von dem Nachweis einer vom Staat für entsprechend erachteten wissenschaftlichen Vorbildung, — das gilt allerdings mit verschiedenen Modifikationen, hinsichtlich der Art und Weise der Feststellung der letzteren, in Baiern, Würtemberg und Baden — abhängig. Die erstere Beschränkung muſs jedenfalls fortfallen, da der Staat, wenn er den Geistlichen keine staatlichen Funktionen mehr überträgt, und auch der Kirche keine Mittel zu ihrer Besoldung mehr gewährt, es der letzteren überlassen muſs, sich ihre Diener, woher sie es kann, zu beschaffen. Ohnedies werden Nichtdeutsche wegen der regelmässig mangelnden Sprachkenntniſs selten in Deutschland verwendet werden können, undferner bleibt dem Staat in Bezug auf Ausländer das ihm gegen solche zustehende Ausweisungsrecht nach der Maſsgabe der allgemeinen gesetzlichen Bestimmungen unter allen Umständen vorbehalten.

Was den zweiten Punkt betrifft, so haben die hierher gehörigen Vorschriften ihren Grund darin gehabt, daſs die Geistlichen mit einer Reihe von staatlichen Geschäften betraut gewesen sind, und der Staat daher in der Lage sein mufste, sich darüber zu vergewissern, ob die katholischen geistlichen Kandidaten auch die erforderliche allgemeine wissenschaftliche Bildung für die Wahrnehmung jener Funktionen sich erworben hatten. Dieser Grund fällt mit der hier befürworteten Trennung von Staat und Kirche selbstverständlich zusammen. Abgesehen davon bietet freilich die Nothwendigkeit einer allgemeinen wissenschaftlichen Vorbildung ein gewisses Gegengewicht gegen die einseitige Ausbeutung des katholischen Standpunktes zum Nachtheil des Staates und der anderen, innerhalb seines Gebietes anerkannten Konfessionen, wie sie bei den lediglich in den Klerikal-Seminaren vorgebildeten Geistlichen in Folge der ihnen von Anfang an eingeimpften streng klerikalen Tendenzen leicht vorkommen kann. Deshalb möchte man mit Rücksicht auf das allgemeine Princip, nach welchem der Kirche die Ausbildung ihrer Geistlichen wird überlassen werden müssen, vielleicht die Festhaltung dieses Palliativ-Mittels angemessen finden.

Indessen ist diese Garantie doch eine mehr scheinbare, weil es den geistlichen Bildungsanstalten nicht schwer werden wird, ihre Zöglinge so abzurichten, dafs diese ein derartiges staatliches Examen bestehen können, überdies aber giebt eine solche gesetzliche Bestimmung auch zu Konflikten Veranlassung. Es ist sehr wahrscheinlich, dafs die Bischöfe, wie es z. B. seitens des Erzbischofs von Freiburg geschehen ist, den Kandidaten die Ablegung eines solchen Examens verbieten, und diejenigen, welche dies dennoch gethan haben, für unfähig zur Erlangung von kirchlichen Aemtern erklären werden. Dann geräth der Staat, welcher sich nicht mehr auf den andern, früher bestehenden Grund berufen kann, in die üble Lage, einer kirchlichen Gesellschaft, welche er nicht mit den mindesten Privilegien ausgestattet hat, die Anstellung von solchen Geistlichen, welchen diese ihre Aemter übertragen will, verbieten und ihr solche aufoktroyiren zu müssen, die sie ihrerseits zurückweist. Dieser Nachtheil wiegt m. E. den etwa durch eine derartige Einrichtung zu erzielenden Vortheil in so überwiegender Weise auf, dafs man von der letzteren selbst lieber ganz absehen sollte.

III. Die Regelung der Stellung der sog. Protest- oder Altkatholiken durch die deutschen Staatsgesetzgebungen.

Während man bisher in der aus Anlafs der Koncilsbeschlüsse entstandenen Tagesliteratur sich nicht veranlafst gefunden hat, die Frage nach der Regelung der Verhältnisse der neukatholischen Kirche zu besprechen, hat v. Schulte in seiner mehrfach citirten „Denkschrift über das Verhältnifs des Staates u. s. w." S. 89 für die Altkatholiken folgende Stellung beansprucht:

„Es wird nur verlangt, dafs die Katholiken in ihrem Rechte, nach der anerkannten Lehre und Verfassung als Katholiken, katholische Priester und Laien zu leben, vom Staate geschützt werden. Darauf haben wir ein Recht, dazu hat der Staat die Pflicht. Was dazu nothwendig ist, mufs der Staat gewähren. Somit müssen die an der staatsrechtlich anerkannten katholischen Kirche haltenden Katholiken folgende Anträge an den Staat stellen: zu gewähren

1. Vollsten Schutz für die treuen Priester und Pfarrer, welche durch Vergewaltigung von den Besitzenden vertrieben sind aus den Kirchen, Schutz denjenigen, welche an diesen Priestern u. s. w. halten, in dem Rechte, nach der katholischen Lehre zu leben.

2. Gerichtlichen Schutz für die Geltendmachung ihrer Rechte, gegen die Vergewaltigung der Besitzenden, gegen deren Angriffe.

3. Schutz für die Vornahme aller und jeder kirchlichen Akte, welche zufolge der Staatsgesetze eine staatliche Bedeutung haben oder Bedingungen von Civilrechten sind: Taufe (Beurkundung des Personenstandes), Eheschliefsung, Begräbnifs.

4. Schutz mit voller staatlicher Anerkennung der öffentlichen Religionsübung.

5. Schutz und Gewährung des Rechtes, ihre Kinder vor den Gefahren des neuen Glaubens in allen öffentlichen Schulen zu bewahren. Will der Staat den Religionsunterricht in den Schulen beibehalten, so mufs er für solchen in der anerkannten Lehre sorgen.

Aber der Staat mufs im eigenen Interesse verhindern, dafs seine Existenz untergraben werde. Das kann und soll er nur mit staatlichen Mitteln thun. Daher mufs man von ihm begehren:

1. Die gesetzmäfsige Erklärung: er erkenne die Dogmen des 18. Juli 1870 nicht als die jener katholischen Kirche an, welche staatsgrundgesetzlich anerkannt ist.

2. Er räume denselben keinerlei Wirkung ein für das Gebiet des Staates, der Gemeinde, des bürgerlichen und politischen Rechtes.

3. Er werde jeden Versuch, die päpstlichen Staatsrechtslehren ins praktische Leben einzuführen, mit allen ihm zu Gebote stehenden Mitteln zurückweisen.

4. Er werde die Bedrückung der Katholiken durch die der neuen Lehre zugewandten Bischöfe nicht dulden, und denjenigen, welche sich dies anmafsen, eventualiter in Aussicht stellen: Sequestration der Einkünfte, welche aus der Staatskasse fliefsen für irgend welche Institute und Personen.

5. Gewährung aller bisher bestehenden Rechte, insbesondere Militärbefreiung für jene Geistlichen, welche an Staatsanstalten studirt und sich als katholische, d. h. der von ihm anerkannten Kirche angehörige ausweisen.

6. Sollte die neue Lehre in das Leben dauerhaft eingeführt werden, so bleibt ihm nur übrig, eventuell:

a. Einführung der Civilstandsregister für Geburten, Trauungen, Sterbefälle mit obligatorischer Civilehe.

b. Abnahme eines Reverses, bez. Eides von allen Beamten und Staatsdienern, welche sich als katholisch bezeichnen, dafs sie nicht glauben, der Papst sei berechtigt, über irgend welche staatliche oder civilrechtliche Verhältnisse eine Lehre als Glaubenssatz aufzustellen oder irgend ein weltliches Recht im Lande zu üben.

c. Vorlage eines Gesetzentwurfes an die Kammern behufs Einführung des gleichen Reverses, bez. Eides für die Abgeordneten.

7. Vollen Schutz der an der anerkannten katholischen Kirche haltenden Patrone und Gemeinden rücksichtlich des Vermögens der Kirchen.

8. Entfernung jedes Geistlichen, welcher die neuen Dogmen lehrt und durchzuführen unternimmt, aus einer einen Geistlichen fordernden Stellung an einer Staatsanstalt.

9. Wo dem Staate Präsentations- oder Nominationsrechte u. dgl. auf kirchliche Beneficien und Aemter zustehen, darf er nur solche Geistliche wählen, die der neuen Lehre nicht huldigen.

10. Energische Zurückweisung der Uebergriffe der die neuen

Dogmen lehrenden Bischöfe und Priester in das Gebiet des bürgerlichen Lebens. Solche liegen aber vor, wenn in den Kirchen von den Kanzeln herab aufgefordert wird, die Frauen sollten ihre Männer, welche das Dogma nicht annehmen, verlassen; denn die Ehe ist nicht blos eine kirchliche Sache. Läfst der Staat diese und ähnliche Dinge ruhig gewähren, so wird man auch bald lehren, dem Staatsbeamten, welcher nicht daran glaube, sei nicht mehr zu gehorchen. Und von da ab ist nur ein Schritt bis zur Wiederaufrichtung der päpstlichen Lehre: man dürfe keinen ketzerischen und schismatischen Fürsten — solche aber sind nach den päpstlichen Dogmen alle protestantischen oder griechischen — gehorchen: von da ist nur ein Schritt bis zur Verwirklichung der absoluten Machtfülle des römischen Bischofs, der in seiner Bulle: *Unam sanctam*, deren dogmatischen Charakter sogar der neueste, von 23 deutschen Bischöfen unterzeichnete Hirtenbrief (s. oben S. 51) zugiebt, in der unbestrittenen Definition lehrt: „„Dem römischen Papste unterworfen zu sein, ist für jegliches menschliche Geschöpf zum Heile nothwendig.““

Der principielle Standpunkt, von welchem diese Vorschläge ausgehen und den auch der jüngst zu München abgehaltene Katholiken-Kongrefs eingenommen hat *), ist der, dafs der Staat

*) Wie die Nummern I. und VII. des von demselben beschlossenen Programmes, das ich nachstehend folgen lasse, ergeben:

I. Im Bewufstsein unserer religiösen Pflichten halten wir fest an dem alten katholischen Glauben, wie er in Schrift und Tradition bezeugt ist, sowie am alten katholischen Kultus. Wir betrachten uns deshalb als vollberechtigte Glieder der katholischen Kirche und lassen uns weder aus der Kirchengemeinschaft noch aus den durch diese Gemeinschaft uns erwachsenden kirchlichen und bürgerlichen Rechten verdrängen. Wir erklären die wegen unserer Glaubenstreue über uns verhängten kirchlichen Censuren für gegenstandslos und willkürlich, und werden durch dieselben an der Bethätigung der kirchlichen Gemeinschaft in unserem Gewissen nicht beirrt und nicht verhindert. Von dem Standpunkte des Glaubensbekenntnisses aus, wie es noch in dem sogenannten Tridentinischen Symbolum enthalten ist, verwerfen wir die unter dem Pontifikate Pius' IX. im Widerspruch mit der Lehre der Kirche und den vom Apostel-Koncil an befolgten Grundsätzen zu Stande gebrachten Dogmen, insbesondere das Dogma von dem „unfehlbaren Lehramte“ und von der „höchsten, ordentlichen und unmittelbaren Jurisdiktion“ des Papstes.

II. Wir halten fest an der alten Verfassung der Kirche. Wir verwerfen jeden Versuch, die Bischöfe aus der unmittelbaren und selbständigen Leitung der Einzelkirchen zu verdrängen. Wir verwerfen die in den vatikanischen Dekreten enthaltene Lehre, dafs der Papst der einzige göttlich gesetzte Träger aller kirchlichen Autorität und Amtsgewalt sei, als im Widerspruche stehend mit dem Tridentinischen Kanon, wonach eine göttlich gestiftete Hierarchie von Bischöfen, Priestern und Diakonen besteht. Wir bekennen uns zu dem Primate des römischen Bischofes, wie er auf Grund der Schrift von den Vätern und Koncilien in der alten ungetheilten christlichen Kirche anerkannt war.

a. Wir erklären, dafs nicht lediglich durch den Ausspruch des jeweiligen Papstes und die ausdrückliche oder stillschweigende Zustimmung der dem Papste die Beschlüsse des vatikanischen Koncils für nichtig zu erklären

zu unbedingtem Gehorsam eidlich verpflichteten Bischöfe, sondern nur im Einklange mit der heiligen Schrift und der alten kirchlichen Tradition, wie sie niedergelegt ist in den anerkannten Vätern und Koncilien, Glaubenssätze definirt werden können. Auch ein Koncil, welchem nicht, wie dem vatikanischen, wesentliche äufsere Bedingungen der Oekumenicität mangelten, welches aber in allgemeiner Uebereinstimmung seiner Mitglieder den Bruch mit der Grundlage und Vergangenheit der Kirche vollzöge, vermöchte durchaus keine die Glieder der Kirche innerlich verpflichtenden Dekrete zu erlassen.

b. Wir betonen, dafs die Lehrentscheidungen eines Koncils im unmittelbaren Glaubensbewufstsein des katholischen Volkes und in der theologischen Wissenschaft sich als übereinstimmend mit dem ursprünglichen und überlieferten Glauben der Kirche erweisen müssen. Wir wahren der katholischen Laienwelt und dem Klerus wie der wissenschaftlichen Theologie bei Feststellung der Glaubensregeln das Recht des Zeugnisses und der Einsprache.

III. Wir erstreben unter Mitwirkung der theologischen und kanonistischen Wissenschaft eine Reform in der Kirche, welche im Geiste der alten Kirche die heutigen Gebrechen und Mifsbräuche heben und insbesondere die berechtigten Wünsche des katholischen Volkes auf verfassungsmäfsig geregelte Theilnahme an den kirchlichen Angelegenheiten erfüllen werde.

Wir erklären, dafs der Kirche von Utrecht der Vorwurf des Jansenismus grundlos gemacht wird und folglich zwischen ihr und uns kein dogmatischer Gegensatz besteht.

Wir hoffen auf eine Wiedervereinigung mit der griechisch-orientalischen und russischen Kirche, deren Trennung ohne zwingende Ursachen erfolgte und in keinem unausgleichbaren dogmatischen Unterschiede begründet ist.

Wir erwarten unter Voraussetzung der angestrebten Reformen und auf dem Wege der Wissenschaft und der fortschreitenden christlichen Kultur allmälig eine Verständigung mit den übrigen christlichen Konfessionen, insbesondere mit den protestantischen und den bischöflichen Kirchen Englands und Amerikas.

IV. Wir halten bei der Heranbildung des katholischen Klerus die Pflege der Wissenschaft für unentbehrlich. Wir betrachten die künstliche Abschliefsung des Klerus von der geistigen Kultur des Jahrhunderts (in Knabenseminarien und einseitig von Bischöfen geleiteten höheren Lehranstalten) bei dessen grofsem Einflufs auf die Volkskultur als gefährlich und höchst ungeeignet zur Erziehung und Heranbildung eines sittlich frommen, wissenschaftlich erleuchteten und patriotisch gesinnten Klerus. Wir verlangen für den sogenannten niederen Klerus eine würdige und gegen jegliche hierarchische Willkür geschützte Stellung. Wir verwerfen die durch das französische Recht eingeführte und neuestens allgemeiner angestrebte willkürliche Versetzbarkeit (*amovibilitas ad nutum*) der Seelsorgsgeistlichen.

V. Wir halten zu den die bürgerliche Freiheit und humanitäre Kultur verbürgenden Verfassungen unserer Länder, verwerfen darum auch aus staatsbürgerlichen und kulturhistorischen Gründen das den Staat bedrohende Dogma von der päpstlichen Machtfülle und erklären, unseren Regierungen im Kampfe gegen den im Syllabus dogmatisirten Ultramontanismus treu und fest zur Seite zu stehen

VI. Da offenkundig durch die sog. „Gesellschaft Jesu“ die gegenwärtige unheilvolle Zerrüttung in der katholischen Kirche verschuldet worden ist; da dieser Orden seine Machtstellung dazu mifsbraucht, um in Hierarchie, Klerus und Volk kulturfeindliche, staatsgefährliche und antinationale Tendenzen zu verbreiten und zu nähren; da er eine falsche und korrumpirende Moral lehrt und übt; so sprechen wir die Ueberzeugung aus, dafs Friede und Gedeihen, Eintracht in der Kirche und richtiges Verhältnifs zwischen ihr und der bürgerlichen Gesellschaft erst dann möglich ist, wenn der gemeinschädlichen Wirksamkeit dieses Ordens ein Ende gemacht sein wird.

VII. Als Glieder der katholischen noch nicht durch die vatikanischen Dekrete alterirten Kirche, welcher die Staaten politische Anerkennung und öffentlichen Schutz garantirt haben, halten wir auch unsere Ansprüche auf alle realen Güter und Besitztitel der Kirche aufrecht.“

hat. Dafs die Einnahme eines solchen für den Staat nicht möglich ist, habe ich schon oben nachzuweisen versucht. Sodann tragen jene Forderungen auch dem Umstande keine Rechnung, dafs man staatlicherseits jedenfalls auch mit einer Lehre, welcher kein einziger katholischer Bischof Deutschlands entgegengetreten ist, und welche ferner unter dem niederen Klerus und den Laien eine nicht geringe Anzahl von Anhängern besitzt, zu rechnen hat, und dafs demgemäfs die Regierungen ihre Stellung zu diesem Theile der katholischen Kirche, welcher heute nicht nur der zahlreichste, sondern auch der mächtigste ist, in positiver Weise feststellen müssen. Eine solche für die Kirchenpolitik der Regierungen äufserst beachtenswerthe Partei kann man nicht einfach, wie Schulte (und auch der Kongrefs, wenngleich nur indirekt) befürwortet, aus der bisherigen katholischen Kirche, in welcher sie alle Gewalt in Händen hat, herausdrängen. Wenn Schulte und ich in manchen Beziehungen, so hinsichtlich der unter 2, 3, 6*a*, 8, 10 aufgestellten Postulate, übereinkommen, so erklärt sich das nur daraus, dafs letzterer principiell die Neukatholiken als nicht zur berechtigten katholischen Kirche zugehörig, also als eine Art Dissidenten, betrachtet, ich meinerseits es aber durch die Politik für geboten halte, ihnen gesetzlich eine der der Dissidenten in den meisten Ländern ähnliche Stellung anzuweisen.

Die gesetzlichen Mittel, mit welchen der Staat die Uebergriffe der katholischen Partei zurückweisen soll, hat Schulte nicht näher bezeichnet. Als Palliativ dagegen schlägt er allerdings die Abnahme eines Reverses, bez. Eides von den Beamten und Abgeordneten vor, dahin gehend, dafs diese nicht an das Recht des Papstes glauben, über irgend welche staatliche und civilrechtliche Verhältnisse eine Lehre als Glaubenssatz aufzustellen. Das heifst aber nichts Anderes als den Neukatholiken die Fähigkeit zur Erlangung eines öffentlichen Amtes und zum Eintritt in die verschiedenen gesetzgebenden Versammlungen einfach absprechen, weil diese, wie die oben S. 47 ff. mitgetheilten Sätze des Syllabus zeigen, dem Papst eine derartige Befugnifs einräumen müssen, und thatsächlich auch zugestehen. Die Realisirung dieses Vorschlages würde die Aufhebung des Gesetzes vom 3. Juli 1869, welches zunächst für Norddeutschland ergangen, aber nunmehr allgemeines deutsches Reichsgesetz geworden ist (s. Bundesgesetzblatt v. 1869. S. 292; von 1870 S. 648 u.

S. 656 und von 1871 S. 17 u. 63), bedingen, denn dieses setzt fest: „Insbesondere soll die Befähigung zur Theilnahme an der Gemeinde und Landesvertretung und zur Bekleidung öffentlicher Aemter vom religiösen Bekenntnifs unabhängig sein." So lange man die neukatholische Lehre nicht einfach verbietet, was m. E. nicht möglich ist, liegt kein Grund vor, eine solche intolerante Bestimmung zu erlassen. Der Beamte ist ohne Weiteres, also selbst ohne dafs er den freilich überall herkömmlichen Diesteid leistet, an die Landesgesetze und seine amtlichen Instruktionen gebunden. Findet es ein Neukatholik mit seinem Gewissen vereinbar, sich diesen zu unterwerfen, so hat der Staat kein Interesse, ihn von seinen Aemtern fern zu halten, um so weniger, als derselbe nach dem bestehenden Recht, wenn er dieser seiner Verpflichtung nicht nachkommt, disciplinarisch bestraft und nöthigenfalls seines Amtes entsetzt werden kann. Ferner bietet auch die Ableistung eines derartigen Eides heute, nachdem die Kurie solche für unerlaubt und unverbindlich erklärt hat, doch keine genügende Garantie mehr. Und endlich müfste Schulte, wenn er konsequent sein will, auch von den katholischen Regenten einen ähnlichen Eid, welcher mit der Beschwörung der Landesverfassungen durch dieselben bei ihrer Thronbesteigung abzuleisten wäre, verlangen.

Von meinem Standpunkt aus, welcher in den Altkatholiken und in den Neukatholiken zwei verschiedene, jetzt dem Staate gegenüber tretende Religionsparteien sieht, bedarf es ebenfalls einer neuen Regelung des Verhältnisses der Regierungen zu der s. g. altkatholischen Kirche.

Eine eigenthümliche Schwierigkeit dafür gewährt aber der Umstand, dafs das Unterscheidungszeichen der letzteren von der neukatholischen Kirche, die Nichtanerkennung der Beschlüsse des vatikanischen Koncils wohl für Jedermann klar zu Tage liegt, dafs sich aber jetzt noch nicht übersehen läfst, wohin die altkatholische Bewegung führen wird, und namentlich nicht, welche Lehren und Einrichtungen die Altkatholiken aus der früheren katholischen Kirche beibehalten werden. Die Regierungen haben es also mit einer durchaus erst in der Bildung und in einem Entwicklungsprocefs befindlichen Religionsgesellschaft zu thun, vielleicht sogar bald nicht mehr mit einer, sondern mit mehreren, da doch jedenfalls nicht mit Sicherheit darauf zu rechnen ist, dafs alle diejenigen, welche in der Negation der Festsetzungen des erwähnten Koncils einig sind, auch dies hinsichtlich der positiven Reformvorschläge sein werden. Dazu kommt endlich, dafs die Protestpartei die geringere und schwächere ist, und es selbst heute noch zweifelhaft bleibt, ob sie einen hervorragenden und entscheidenden Einflufs auf das Volksleben auszuüben im Stande sein wird. Ein Grund dieser Partei in der katholischen Kirche die der letzteren früher zugestandenen Privilegien einzuräumen, resp. zu belassen, liegt also für den Staat nicht vor. Freilich werden sich die Altkatholiken darauf berufen, dafs sie an der ganzen Neuerung nicht Schuld sind, und dafs ihr Bestreben gerade im Gegensatz zu den Neukatholiken darauf abzielt, mit dem Staate in einem friedlichen Verhältnifs zu bleiben. So richtig dies an und für sich ist, so wird damit die Thatsache nicht aus der Welt geschafft, dafs eine Lehre, welche etwas durchaus unfertiges besitzt, nicht vom Staate mit weitgehenden Privilegien versehen werden, und dafs derselbe sich nicht der Möglichkeit aussetzen kann, wenn eine Einigung unter den Altkatholiken nicht erreicht wird, nunmehr wieder vor die Frage gestellt zu sein, welche Partei als die bevorrechteten Altkatholiken anzusehen ist, und welcher diesen gegenüber nur die Stellung von Dissidenten zukommt. *)

*) Die vorstehenden Ausführungen, welche vor dem Münchener Altkatholiken-Kongrefs niedergeschrieben waren, mufs ich auch jetzt, nachdem das Programm desselben (s. oben S. 82 n. *) veröffentlicht ist, aufrechterhalten. Als Protestant habe ich wahrlich keine Veranlassung, den dort vertretenen Bestrebungen nicht allen Erfolg zu wünschen, aber wenngleich der Kongrefs zahlreich besucht worden ist, so bleibt die durch die Delegirten auf demselben vertretene Zahl der Katholiken doch im Verhältnifs zur Gesammtsumme der deutschen Katholiken überhaupt immer eine geringe, und so kann ich für jetzt dem Kongrefs nur die Bedeutung beimessen, dafs derselbe erst den Anstofs zu einer entschiedenen und weiter um sich greifenden Bewegung geben kann, und hoffentlich auch geben wird, aber es wäre jedenfalls vorschnell, der eben erst eingeleiteten Agitation schon einen absolut sicheren Erfolg in Aussicht zu stellen, und von diesem Standpunkte aus gesetzgeberische Mafsregeln vorzuschlagen. Das um so mehr, als das Programm soweit gefafst ist, dafs später, wenn es sich um die zweifellos bald nothwendig werdende genauere Präcisirung desselben handelt, ein Hervortreten mehrerer Parteien innerhalb der altkatholischen Bewegung keineswegs aufserhalb der Möglichkeit liegt. Denn der Passus des Programms (No. II.), wonach die Münchener Versammlung sich zu dem Primate des römischen Bischofs bekennt, wie er auf Grund der Schrift von den Vätern und Koncilien in der alten ungetheilten Kirche anerkannt war, ist schon deshalb vieldeutig, weil er auf eine nicht genau bestimmte Zeitperiode, innerhalb welcher gerade der Primat des Bischofs von Rom sich in einer fortschreitenden Entwicklung befunden hat, Bezug nimmt. Noch allgemeiner gefafst ist und noch mehr Anlafs zu Differenzen kann ferner die unter III. hingestellte Forderung einer Reform im Geiste der alten Kirche und einer Befriedigung der Ansprüche des katholischen Volkes auf verfassungsmäfsig geregelte Theilnahme an den kirchlichen Angelegenheiten gewähren.

Die thatsächlichen Verhältnisse drängen also auch hier unabweisbar auf eine Trennung von Staat und Kirche. Demgemäfs können für die Regelung der Verhältnisse der Altkatholiken dieselben gesetzlichen Vorschriften, welche oben S. 62 ff. für die neukatholische Kirche vorgeschlagen sind, gleichfalls zur Anwendung kommen. Das mufs auch insbesondere in Betreff der über das Unterrichtswesen gemachten Propositionen, schon wegen der unfertigen Gestalt der neuen Lehre, für mafsgebend erachtet werden.

Freilich hat der Staat allen Grund, die altkatholische Bewegung gegenüber den Neukatholiken zu stärken. Als Mittel dazu dient zunächst die nach dem oben Angeführten sich als Konsequenz ergebende Einführung der Civilstandsregister und der Civilehe. Selbst wenn man sich seitens der Regierungen zu einer schnellen gesetzlichen Regelung ihres Verhältnisses zur katholischen Kirche auf einer neuen principiellen Grundlage nicht verstehen will, ist das letztere*) doch und zwar gerade dann ein unabweisbares Bedürfnifs. Da, wo die Pfarrer heute der neukatholischen Kirche angehören, können die Altkatholiken, welche augenblicklich noch auf sie angewiesen sind, vielfach keine der-

*) Und zwar die Einführung der obligatorischen Civil-Ehe. Will der Staat, wie die Dinge jetzt stehen — und ich füge das bei der Korrektur mit Rücksicht auf Zeitungsnachrichten über die Ausarbeitung eines preufsischen Gesetz-Entwurfes im Justizministerium hinzu — die Noth- oder fakultative Civil-Ehe einführen, so kommt er damit in eigenthümliche Verlegenheiten. Die letzten beiden Arten derselben setzen die Befähigung der Geistlichen bestimmter Religionsparteien, kirchliche Akte mit rechtlich bindender Kraft vorzunehmen, voraus. Wer sind aber diese heute in der katholischen Kirche Preussens, die alt- oder neukatholischen oder die Geistlichen beider Richtungen? Darüber läfst sich streiten, und daher werden die Parteien nur dann sicher gehen, wenn sie ihre Eheschliefsung vor den Civilstands-Beamten vornehmen, d. h. der Staat, welcher die obligatorische Civil-Ehe nicht einführen will, wird thatsächlich und praktisch einen Zustand herbeiführen, welcher dem bei Geltung der letzteren sehr ähnlich sein wird. Zu vermeiden ist das nur, wenn man eine gesetzliche Deklaration über die staatliche Anerkennung der Berechtigung der katholischen Pfarrer, bei der Ehe-Eingehung mitzuwirken, erläfst. Legt man diese Befugnifs allein den neu- oder allein den altkatholischen Geistlichen bei, so ist damit selbstverständlich für die weitere Regulirung des Verhältnisses zwischen Staat und Kirche ein sehr bedenkliches Präjudiz geschaffen, denn damit ist indirekt die eine oder andere Partei in der katholischen Kirche als die überhaupt staatlich berechtigte anerkannt. Wenn man aber den Geistlichen beider Richtungen jene Berechtigung zusprechen will, so ist damit der Anfang gemacht, neben der protestantischen Kirche noch eine neu- und eine altkatholische Kirche staatlicherseits zu privilegiren, und man bindet sich damit für ein späteres entschiedenes Vorgehen gegen die neukatholische Kirche die Hände. Da von meinem in dieser Schrift eingenommenen Standpunkt aus die obligatorische Civil-Ehe nur eine der daraus folgenden Konsequenzen, aber auch eine unabweisliche ist, so kann ich mich der Wiederanführung der oft genug hergehobenen allgemeinen Gründe für die obligatorische Civil-Ehe enthalten.

artigen Akte, namentlich die Assistenz bei der Eheschliessung erlangen, weil man sie als exkommunicirt betrachtet. Der Staat hat aber seinerseits nicht das mindeste Interesse, seinen altkatholischen Bürgern dergleichen Rechte, welche nicht blos für die religiösen, sondern auch für die staatlichen Beziehungen in Frage kommen, verkümmern zu lassen. In denjenigen Ländern, in welchen, wie z. B. in Baiern diesseits des Rheins, die vom Koncil von Trient vorgeschriebene Form auch für Katholiken (d. h. die Erklärung des ehelichen Konsenses vor dem Pfarrer des Domizils der Brautleute und vor 2 oder 3 Zeugen) als die staatliche Eheschliessungsform gilt (s. Friedberg, das Recht der Eheschliessung S. 148), bleibt allerdings noch der Ausweg offen, dafs die Parteien mit den erforderlichen Zeugen den die Assistenz verweigernden Pfarrer zu überraschen suchen, und schleunigst vor ihm und ihren beiden Begleitern ihren Ehekonsens erklären. Denn damit ist nach dem katholischen Kirchenrecht der tridentinischen Form Genüge geschehen, indessen bleibt es doch immer fraglich, ob dieses Ueberrumpelungs-Experiment im einzelnen Falle gelingt, und es ist sicher des Staates unwürdig, seine Bürger zu solchen Nothbehelfen zu zwingen. Wo indessen die protestantische Form der priesterlichen Trauung nach den Landesgesetzen auch für die Katholiken mafsgebend ist, fällt ein solcher Ausweg sogar fort, weil hier das Vernehmen der ehelichen Konsenserklärung seitens des katholischen Geistlichen zur Gültigkeit der Ehe nicht ausreicht, vielmehr dazu noch eine positive Thätigkeit desselben, die priesterliche Einsegnung der Ehe, erfordert wird. Daher ist den altkatholischen Bewohnern der preussischen Gebietstheile, in denen das diesen Standpunkt vertretende preussische Landrecht (s. §. 136. Tit. 1. Th. II.) gilt, bei Weigerung des katholischen Priesters jede Möglichkeit, eine Ehe einzugehen, verschlossen. Das preussische Recht kennt zwar auch das Institut der Civilehe, diese besteht aber nach der Verordnung vom 30. März 1847 nur für die Anhänger solcher Religionsgegesellschaften, „bei welchen den zur Feier ihrer Religionshandlungen bestellten Personen die Befugnifs nicht zusteht, auf bürgerliche Rechtsverhältnisse sich beziehende Amtshandlungen mit civilrechtlicher Wirksamkeit vorzunehmen,“ und zu diesen gehören die Altkatholiken, wie die Verhältnisse heutzutage liegen, nicht.

Hier ist also eine gesetzliche Abhülfe unter allen Umständen dringend geboten. —

Wenngleich der Staat den Altkatholiken nach dem an die Spitze gestellten Princip keine fortlaufenden Dotationen mehr zu geben hat, so kann er doch — und hierin liegt ein weiteres Mittel, die altkatholische Richtung zu unterstützen — da, wo sich ein Bedürfniſs zeigt, den sich neu bildenden altkatholischen Gemeinden aus denjenigen Mitteln, welche er früher für katholische Zwecke verwendet hat, für ihre erste Organisation eine einmalige oder mehrmalige Unterstützungen gewähren, um ihnen ihre Konstituirung zu erleichtern.

Weiter darf aber nicht das gesammte, bisherige katholische Kirchenvermögen in den Händen der neukatholischen Kirche gelassen werden. Das folgt einmal aus dem hier vertheidigten Standpunkt, daſs keine der beiden Parteien vom Staat als die bisher berechtigte katholische Kirche anerkannt werden soll. Ferner daraus, daſs das katholische Kirchenvermögen bisher einer Gemeinschaft angehört hat, aus welcher die sich jetzt befehdenden Richtungen hervorgegangen sind, und daſs der Staat von diesen die altkatholische nicht weniger berechtigt als die neukatholische betrachten kann. Endlich gebietet auch die Politik, alle auf Stärkung der letzteren hinzielenden Maſsregeln zu vermeiden. Zuweit geht dagegen der jüngst abgehaltene Altkatholiken-Kongreſs, welcher von dem Standpunkt der alleinigen Berechtigung der Protest-Katholiken in Nr. VII. seines Programms das gesammte katholische Kirchengut fordert.

Was die Grundsätze betrifft, nach denen eine solche durch Gesetz anzuordnende Auseinandersetzung vorzunehmen sein würde, so lassen sich diese nur nach einem der Billigkeit entsprechenden Maſsstabe aufstellen. M. E. dürfte es sich zunächst empfehlen, das gesammte Pfarrvermögen nebst den Fonds und Gütern der in den Pfarreien bestehenden einfachen Beneficien und Stiftungen dann den Altkatholiken zuzusprechen, wenn sich die Gemeinde in ihrer Majorität für die altkatholische Lehre ausspricht, und umgekehrt, dabei aber auf die Geistlichen keine Rücksicht zu nehmen, weil diese einmal den Einflüssen der neukatholischen Bischöfe zu sehr ausgesetzt sind, und ferner der Hauptzweck des Vermögens der einer Befriedigung der religiösen Bedürfnisse der Parochianen, nicht der der Unterhaltung der Geistlichen ist.

Dasselbe Princip möchte sich auch für diejenigen religiösen Institute, deren wesentliche Basis aus einer Personenanzahl besteht, also für die Klöster der religiösen Orden und Kongregationen sowie die Kollegialkapitel empfehlen, d. h. es soll auch hier über die Zugehörigkeit zur alt- und neukatholischen Partei die Stellung der Majorität der Mitglieder entscheiden. Das Vermögen der einzelnen Niederlassungen der Jesuiten müſste diesen dagegen bei ihrer Ausweisung belassen und ihnen gestattet werden, dasselbe nach erfolgter Liquidation ausser Landes mitzunehmen.

Für das Vermögen der Bisthümer, der Kapitel und der unter bischöflicher Verwaltung stehenden Bildungs- und sonstigen Diöcesan - Anstalten ist der erwähnte Maſsstab der Natur der Sache nicht anwendbar, denn die persönliche Stellung des einzelnen kirchlichen Oberen und der ihm zur Seite stehenden Domherrn kann hier nicht über die zukünftige Bestimmung desjenigen Vermögens entscheiden, welches die materielle Grundlage für die geistliche Verwaltung der ganzen Diöcese bildet. Hier bleibt also nichts anderes übrig, als eine proratarische Theilung nach dem Verhältniſs der Anzahl der Anhänger der beiden Richtungen in jeder Diöcese eintreten zu lassen und daſs umsomehr, als bei Anwendung des ersten Grundsatzes die Altkatholiken von vornherein deshalb empfindlich benachtheiligt werden würden, weil sich bis jetzt kein deutscher Bischof ihrer Richtung angeschlossen hat, und dies auch kaum mehr zu erwarten steht.

Die ganze Frage ist keine juristische, sie kann also auch nicht nach juristischen Gesichtspunkten beurtheilt werden, und es dürften hinsichtlich derselben sehr verschiedene Ansichten hervortreten, wiewohl ich glaube, daſs die eben gemachten Vorschläge, weil sie den Zweck haben, so viel wie möglich den thatsächlichen Verhältnissen Rechnung zu tragen, nicht von vornherein von der Hand zu weisen sind.

Nur auf die Kirchhöfe lassen sich jene Principien nicht unbedingt anwenden, weil da, wo Alt- und Neukatholiken mit einander vermischt wohnen, immer für die Beerdigung der Leichen beider Theile Sorge getragen werden muſs. Befindet sich an einem solchen Orte ein Gottesacker, welcher im Eigenthum der politischen Gemeinde steht, so ist die Sache einfach, weil auf einem solchen jeder Ortsangehörige ohne Rücksicht auf seine Konfession begraben werden muſs. Gehört aber der Kirchhof der bisherigen katholischen Gemeinde, so erscheint eine Realtheilung desselben zwischen den Anhängern der einen und anderen Partei als das angemessenste, und zwar so, daſs die zahlreicher vertretene Richtung auch ein grösseres Stück des Kirchhofes zugewiesen erhält. Dadurch allein werden die Konflikte vermieden, welche, wie vielfache unter ähnlichen Verhältnissen vorgekommene Fälle zeigen, bei der Beerdigung der Leichen auf einem gemeinsamen Friedhof entstehen dürften, da die Neukatholiken die von ihnen als exkommunicirt betrachteten Protest - Katholiken nicht werden in geweihter Erde bestatten lassen wollen. Ferner wird durch eine solche Maſsregel die Regierung von vornherein der Nothwendigkeit überhoben sein, in jedem Einzelfall möglicher Weise einschreiten zu müssen.

Selbstverständlich müſsten die betreffenden Verhältnisse durch ein besonderes Gesetz geregelt werden, und dieses hätte auch den Normaltag, d. h. den Zeitpunkt, welcher bei Berechnung der Zahl der Anhänger der einzelnen Parteien zu Grunde zu legen ist, sowie die Zusammensetzungen der staatlichen Auseinandersetzungs - Kommissionen, welche die Theilungen und die damit zusammenhängenden Geschäfte zu besorgen haben, sowie die Thätigkeit jener Behörden zu normiren. —

Meine Vorschläge verlangen eine äussere vollkommene Sonderung der beiden bereits innerlich mit einander zerfallenen Parteien in der katholischen Kirche. Dabei ergiebt sich aber noch eine eigenthümliche Schwierigkeit, welche zum Schluſs nicht unerörtert bleiben darf.

Beide Theile machen darauf Anspruch, die rechte katholische Kirche zu sein, und jede Partei sucht die Anhänger der anderen Richtung zum Austritt aus der Kirche zu drängen, selbst aber in derselben zu bleiben, weil die die Kirche verlassende Partei ja den Schein der Sektirer auf sich ladet, und sich damit auf den Verlust jedes Anspruches auf Antheil an dem Vermögen der von ihr verlassenen Kirche gefaſst machen muſs.

So lange es in den deutschen Staaten bei den bisherigen Gesetzgebungen bleibt, d. h. so lange erstere nur eine berechtigte katholische Kirche kennen, erscheint eine solche Taktik für jede der Parteien geboten, denn in der That können nach den bestehenden rechtlichen Bestimmungen diejenigen, welche sich heute von der katholischen Kirche lossagen, gleichviel, ob sie Alt- oder Neukatholiken sind, nur als Dissidenten behandelt werden. Das unveränderte Bestehenlassen der bisherigen Gesetzgebung veranlaſst also nichts anderes, als die Fortdauer des unnatürlichen Zustandes, daſs beide Parteien sich so lange wie möglich innerhalb des katholischen Kirche zu halten suchen, und muſs daher fort und fort neue Reibungen, bei denen die Hülfe des Staates angerufen wird, erzeugen. Dadurch entstehen aber selbstverständlich auch immer neue Konflikte zwischen dem Staate und der Kirche, und so wird der erstere, so lange er seine Gesetzgebung nicht umgestaltet, nie zur Ruhe gelangen.

Unternimmt es dagegen der Staat die Verhältnisse der streitenden Theile für jeden gesetzlich zu regeln, so ist damit die Hauptquelle dieses Zwiespaltes beseitigt. Die beiden Parteien haben dann keine Veranlassung mehr, mit einander in derselben äusseren Gemeinschaft zusammen zu bleiben, vielmehr können sie sich und werden sich jede selbstständig konstituiren. Unter der gedachten Voraussetzung verliert ferner die Frage, wem man den Austritt aus der Gemeinschaft zuzumuthen soll, welche identisch mit der Frage ist: wird ein sich über seine Stellung nicht ausdrücklich erklärender Angehöriger der bisherigen katholischen Kirche staatlicher Seits als Mitglied der alt- oder neukatholischen Partei betrachtet? an praktischer Bedeutung, weil dann der bisherige Grund, eine Austritts - Erklärung zu vermeiden, nicht mehr vorliegt.

Entschieden werden mufs aber diese Frage, schon deshalb, um einen nöthigen Anhalt für die Berechnung hinsichtlich der Auseinandersetzung in Betreff des kirchlichen Vermögens zu gewinnen. M. E. ist dieselbe dahin zu beantworten, dafs die Altkatholiken ihren Austritt kund zu thun haben, und zwar deshalb, weil die Neukatholiken dadurch, dafs die sämmtlichen katholischen Bischöfe zu ihnen gehören, und sie die zahlreichere Partei bilden, schon den Vortheil der festen Organisation besitzen, also eher anzunehmen ist, dafs derjenige, welcher sich nicht ausdrücklich lossagt, in dem bisher bestehenden Verbande bleiben will, während den Altkatholiken bisher jede Geschlossenheit fehlt.

Mit der vorstehenden Erörterung bin ich am Schlusse angelangt. Ich kann nicht darauf rechnen, dafs meine Vorschläge überall Anklang finden werden. Nicht bei den Neukatholiken, das sehe ich voraus, tröste mich aber damit, dafs je heftiger der Widerspruch auf dieser Seite sein wird, darin für jeden Unbefangenen eine desto stärkere Gewähr dafür liegt, dafs ich das Richtige getroffen habe.

Die Altkatholiken werden die hier angegebene Lösung vielfach deshalb nicht acceptiren wollen, weil sie ihnen die bisher privilegirte Stellung nicht beläſst, sie mögen aber erwägen, daſs ihnen statt des jetzt durchaus unsicheren und schwankenden Bodens ein fester Grund geboten wird, auf welchem sie sich frei bewegen und entfalten können, und daſs der Staat weder die gegenwärtige Lage geschaffen hat, noch im Stande ist, das Machtverhältniſs zwischen ihnen und den Neukatholiken zu ändern. Nicht ausgeschlossen ist es, daſs der eine oder der andere Staat namentlich ein solcher, welcher eine überwiegend katholische Bevölkerung besitzt, wenn sich die Altkatholiken zu einer mächtigen Religionsgemeinschaft entwickeln sollten, ihnen grössere Rechte einräumt, vorläufig ist aber die Sachlage dazu sicherlich nicht angethan.

Für Andere endlich wird der Gegensatz der hier befürworteten Gesetzgebung gegen die bisherige zu schroff erscheinen, theils werden sie auch eine bedenkliche Bewegung unter den Neukatholiken befürchten, theils auf die Konsequenzen hinweisen, welche die Trennung des Staates und der katholischen Kirche etwa für die Stellung der evangelischen zum ersteren haben könnte. Das erstere widerlegt sich schon durch das früher Angeführte, daſs der Staat nur dann, wenn er sich selbst aufgiebt, Frieden mit den Ultramontanen erlangen kann. Das letztere ist einmal keineswegs eine nothwendige Folge, und wenn es dies auch wäre, so würde die evangelische Kirche jedenfalls durch die Uebermacht der klerikal-katholischen Partei mehr gefährdet werden, als dadurch, daſs der Staat das Band, welches sie bisher mit ihm verknüpft hat, zerschnitte.

Wer möchte es verkennen, daſs die katholische Kirche bei einer bedenklichen Krise angelangt ist, und daſs diese auch den Staat in die entschiedenste Mitleidenschaft zieht. Aber mit Temporisiren und mit halben Maſsregeln ist einem entschiedenen Gegner gegenüber, welcher sein Ziel stets fest und unverrückt im Auge hat, nichts gewonnen. Nur eine energische und mit starker Hand eingreifende Politik, welche unbeirrt von hergebrachten Rücksichten und Anschauungen die Rechte des Staates zu wahren sucht, indem sie die katholische Kirche auf das ihr allein gehörige Gebiet verweist und dadurch die Konflikte zwischen ihr und den Regierungen vermeidet, kann unter den obwaltenden Umständen auf Erfolg rechnen. Das erscheint mir das Wesentliche, und darum will ich auf den jüngst zwischen Zachariä, Beseler und Bähr in der National-Zeitung und in den preussischen Jahrbüchern geführten Streit (vgl. darüber Zachariä, zur Frage von der Reichcompetenz gegenüber dem Unfehlbarkeits-Dogma, Braunschweig 1871), ob das deutsche Reich oder die Einzelstaaten für gesetzgeberische Maſsregeln, wie die vorgeschlagenen, kompetent sind, hier nicht näher eingehen.

Sind erst die Regierungen darüber einig, daſs die unserem Vaterlande seitens des Ultramontanismus drohende Gefahr nicht auf dem blossen Administrativwege zu beseitigen ist, und sollte ferner ein Einverständniſs über die prinzipiellen Grundlagen der neuen gesetzlichen Regelung gewonnen werden, dann wird die Kompetenzfrage die geringsten Schwierigkeiten bereiten.

Nicht so leicht wird es sein, eine Uebereinstimmung über die ersteren beiden Punkte zu erzielen. Möchten diese Zeilen das Ihrige dazu beitragen, zum mindesten dadurch, daſs sie andere positive Vorschläge hervorrufen und so eine Klärung der Ansichten über die Mittel, mit denen das Ziel zu erreichen ist, herbeiführen!

Eine solche ist dringend geboten, denn die bairische Regierung hat sich, wie die mir noch beim Schluſs der Korrektur zugehenden Tagesblätter berichten, in der Beantwortung der Hertz'schen Interpellation in der Sitzung der Abgeordnetenkammer vom 14. Oktober d. J. durch den Kultusminister bereit erklärt „die Hand zu Gesetzen zu bieten, durch welche die volle Unabhängigkeit sowohl des Staates als auch der Kirche begründet wird, da auch nach ihrer Ansicht allein auf diesem Wege die Herstellung des religiösen Friedens und dessen Erhaltung für die Zukunft gesichert werden kann," und damit im Wesentlichen den in dieser Schrift vertretenen Standpunkt eingenommen. Nach den weiteren Mittheilungen der Zeitungen hat der Kultusminister nicht von dem Standpunkt aus, daſs die katholische Kirche durch die Beschlüsse des vatikanischen Koncils eine Wesensänderung erlitten hat, sondern in Gemäſsheit der auch von mir angenommenen Staatsgefährlichkeit des neuen Dogmas ferner erklärt: „die Staatsregierung ist gewillt, allen katholischen Staatsangehörigen geistlichen und weltlichen Standes, welche die Lehren von der Unfehlbarkeit des Papstes nicht anerkennen, den vollen in den Gesetzen des Landes begründeten Schutz gegen den Miſsbrauch der geistlichen Gewalt zu gewähren und sie, soweit ihre

Zuständigkeit reicht, in ihren wohl erworbenen Rechten zu schützen" und „entschlossen, das religiöse Erziehungsrecht der Eltern gegenüber dem Dogma von der Unfehlbarkeit des Papstes anzuerkennen," sodann: „wenn von den Anhängern der alten katholischen Lehre Gemeinden gebildet werden, so gedenkt die Staatsregierung, wie sie den Einzelnen fortwährend als Katholiken betrachten zu wollen erklärt hat, auch die Gemeinden als katholische anzuerkennen, und folglich denselben, sowie ihren Geistlichen alle jene Rechte einzuräumen, welche sie gehabt haben würden, wenn die Gemeindebildung vor dem 18. Juli 1870 vor sich gegangen wäre," eine Erklärung, welche nach dem bairischen Staatskirchenrecht (s. oben S. 20, 21) vollkommen haltbar ist. Aber mit dieser bedeutsamen Kundgebung ist vorerst, nur eine feste Position gegenüber den Angriffen der Neukatholiken auf die Anhänger der früheren Lehre eingenommen, keineswegs sind jedoch die Grundsätze, welche die Regierung in Betreff der positiven Regulirung der Verhältnisse der Neukatholiken und in Betreff der Auseinandersetzung der beiden Parteien zur Anwendung bringen will, des Näheren angegeben. Eine Erörterung der in dieser Hinsicht zu ergreifenden Maſsregeln kommt also, selbst wenn die übrigen deutschen Staatsregierungen schon dem Beispiel Baierns gefolgt wären, jetzt noch nicht zu spät, ja sie ist gerade um so mehr geboten, als der Vorgang in Baiern, dessen Regierung das Verdienst für sich beanspruchen darf, zuerst eine den entstandenen Konflikt principiell zu seinem Austrag führende Haltung eingenommen zu haben, wahrscheinlicher Weise für das übrige Deutschland nicht ohne Wirkungen bleiben, und die anderen Regierungen dazu veranlassen wird, aus der bisher mehr abwartenden Stellung herauszutreten.

A. W Schade's Buchdruckerei (L. Schade) in Berlin. Stallschreiberstr. 47

Berichtigungen.

S. 3 Z. 4 v. o. statt: Antifallibilisten. lies: Antiinfallibilisten.

S. 31 Z. 11 u. 10 v. u. lies: Aufrechterhaltung der von territorialistischen Grundsätzen.

S. 33 Z. 20 v. o. füge hinzu: eintritt hinter: Verhältnisse.

S. 36 Z. 7 v. u. füge hinzu: habe hinter: dieselbe.

FSC
www.fsc.org
MIX
Papier | Fördert gute Waldnutzung
FSC® C083411

Kolibri 360 GmbH
Ferdinand-Jühlke-Straße 7
99095 Erfurt, Deutschland
produktsicherheit@kolibri360.de